Viva

Cronistas del tikitaka

Alfredo Varona
Prólogo de **Quique Setién**

Cronistas del tikitaka

MADRID   BARCELONA   MÉXICO D.F.   MONTERREY

LONDRES   NUEVA YORK   BUENOS AIRES

Colección Viva
Editado por LID Editorial Empresarial, S.L.
Sopelana 22, 28023 Madrid, España
Tel. 913729003 - Fax 913728514
info@lideditorial.com
LIDEDITORIAL.COM

A member of BPR

businesspublishersroundtable.com

EAN-ISBN13: 9788483565827
Editor de la colección: Jose Antonio Menor
Corrección: Alejandro Navarro
Diseño de portada: El Laboratorio
Maquetación de portada: Irene Lorenzo
Arte final: Nicandwill, ideas@nicandwill.com
Impresión: Cofás, S.A.
Depósito legal: M-22.409-2011

Impreso en España / Printed in Spain

Primera edición: junio de 2011

Índice

Prólogo

No sé por qué extraño motivo siempre me gustó escribir. No había explicación razonable. En casa los libros escaseaban. Mi padre trabajaba de sol a sol y mi madre desapareció demasiado pronto. Al igual que el colegio. No recuerdo a nadie cercano que ni siquiera me leyera un cuento. El refugio siempre fue el balón, aquella vocación no era extraña. Nunca hubo dudas. Sin embargo, con 15 años ya escribía las crónicas e incidencias del partido que había jugado el día anterior. Me recuerdo golpeando con los índices las teclas de la pesada Olivetti que me prestaba un compañero de la oficina en la que ya trabajaba de chico para todo.

La afición nunca se extinguió. Me llevó a leer. Empecé con las crónicas de Rual en la *Hoja del Lunes* de Santander. Fue cuando compré los primeros periódicos. Quería saber lo que los demás decían de mí, sus valoraciones personales. Pronto distinguí lo que merecía la pena y lo que no. No me explicaba cómo se podía resumir en cuatro palabras tantas cosas como suceden en un partido. Y la nota final con la que casi nunca estaba de acuerdo, ni para bien ni para mal. No era fácil aceptar las críticas de quien jamás había jugado al fútbol. Tardé en darme cuenta de que muchos escribían conforme a como les caías. Para Juan Antonio Sandoval, periodista del *Diario Montañés*, yo nunca jugaba mal. Sus artículos de opinión alimentaron mi vanidad durante años. Acabé leyendo sus crónicas de toros a pesar de que la tauromaquia nunca me gustó.

Pero no siempre fue así. Casi sin haberme destetado como profesional, José María García me llamó conspirador por tres veces desde Madrid cuando estaba en Onda Cero. Le escuchó toda España, lo cierto es que entonces todo el mundo le oía.

Hasta yo mismo lo hice en directo en la radio del coche cuando me dirigía a la emisora de la competencia a explicar lo que había pasado. De repente desperté en un mundo desconocido para mí. Fue tanta la tensión de aquella noche que me fui a llorar a los brazos de mi tío Luís deshecho e indignado. Me había acusado de querer echar a un entrenador. Tenía 20 años y llevaba escayolado cuatro meses con la tibia y el peroné rotos. Años después, en un vuelo de regreso de un partido con la selección de Las Palmas, coincidí con él en el asiento de al lado. Por muchos detalles que le di, no hubo manera de que recordara el incidente. Después siempre habló bien de mí. Quizá aquel fue el motivo por el que dejé de escuchar la radio. Me di cuenta de que lo que el aire trae, con facilidad se lo vuelve a llevar. Era algo que no se podía saborear. No permanece. No puedes exprimirlo para quedarte con el jugo. No es como el papel.

Con un poco de ayuda debuté en las páginas del *Diario Montañés*. Empecé desde Madrid. Comentaba mi día a día desde la capital en el Atlético de Vicente Calderón. Eran los primeros artículos. Después los continué desde un viejo fortín español convertido en hotel en Tlaxcala, México. Allí estábamos concentrados durante el Mundial del 86. Experiencia que me sirvió de mucho para el futuro. Me llamaban la atención las amistosas y diarias tertulias de Miguel Muñoz con los periodistas que cubrían el evento en los jardines del hotel Camino Real de Guadalajara. A mí nunca me dirigió la palabra. Al regreso, frustrado por no haber jugado ni un minuto, leí un titular en la portada del *As* que decía: «No volveré a la selección». Nunca dije eso. Fue una transcripción de una entrevista que me hicieron en *Esto*, un periódico deportivo mejicano. La frase se extrajo del comentario que había hecho a la pregunta de si pensaba que iba a volver a ser seleccionado. La interpretación del titular nada tenía que ver con la realidad de mis intenciones, que fueron estas: «Creo que no volveré a la selección, los convocados aquí hemos sido 22 y las siguientes convocatorias serán de 18. Si no he jugado, es fácil pensar que no me llamarán más». El caso es que no volví. Quizá Muñoz no leyó la respuesta completa y se quedó solo con el titular. También es muy posible que tampoco hiciera méritos para ello.

En esa época ya leía *El País*. Me enganché cuando llegué al Atlético de Madrid. Un compañero del equipo, Chus Landáburu, lo leía cada mañana en el coche a la puerta del estadio antes de comenzar a entrenar. Le tenía idealizado. Era diferente. José Damián González me hizo la primera entrevista en un restaurante de la calle Princesa, que se llamaba Las Cuevas del Duque, lugar donde comía todos los días. Empecé a leer con avidez las crónicas de José Miguélez. A pie de campo estaba José Ramón de la Morena y otros muchos que se incluyen en este libro. Eran sus comienzos. Casi como los míos. Un chaval de 25 años que venía del pueblo con las albarcas y el dalle en busca de metas imposibles en provincias. Metas que se ponían inalcanzables con crónicas como las de Luís Arnáiz en las que me dedicaba apartados como «A Setién. Anda, y a veces, corre». Y en parte tenía razón. Claro que me tenía que haber visto en el Racing para decir eso. Aquello me sentaba a cuerno quemado porque jamás corrí tanto como lo hice en aquella época. Me dolía que no interpretara el fútbol como yo. Jamás había sido un vago. Y nunca corrí detrás de un balón que sabía que iba fuera. Eso que aplauden tanto muchos aficionados. Y periodistas. Era una lucha perdida. No tanto como la que tiene que afrontar el fútbol de vez en cuando para sobrevivir a los que creen que en este juego solo se divierte uno ganando. Siempre me rebelé a las plumas que obvian los detalles y que solo les interesa el resultado. Los que sus comentarios solo van en función de eso. Son infinidad de partidos cada semana los que se ganan sin merecerlo. No es justo que se prime la victoria por encima de cualquier cosa a la que llaman partido. En esto la responsabilidad de los periodistas debía ser absoluta. No se puede premiar al que no se preocupa por tratar bien el balón.

Por eso me entusiasma Segurola. Porque coincido en su manera de ver el fútbol. Ahora leo sus crónicas del Real Madrid en el *Marca* solo para comprobar que hemos visto lo mismo. También por el placer de leerle. La clarividencia con la que expone sus argumentos me alivian. Veo en él a un defensor de las formas al que no le vale todo. Creo que ahora se le nota un poco el conflicto que mantiene consigo mismo entre ser consecuente con las inclinaciones del periódico en el que escribe y el rechazo a los planteamientos del equipo que debe enjuiciar. Me gustaba más su independencia anterior. Debe ser la misma que reclamas muchas veces en el campo de fútbol cuando tienes un entrenador diametralmente opuesto a tu forma de entender el fútbol. Mis conflictos con Maguregui eran traumáticos. Había zonas del campo prohibidas para echar el balón al suelo. Y yo era incapaz de despejar un balón sin una dirección concreta. Supongo que que trabajar para un medio en el que te sientes obligado a inclinarte hacia el lado en el que no te encuentras cómodo debe ser muy parecido.

Pero con el tiempo uno se va domando, se vuelve reflexivo y acepta versiones diferentes a las que tienes integradas. Aunque no aflore uno sabe cuando se merece un palo o un elogio. Lo que enfada es la crítica cargada de resentimiento e ignorancia. Los juicios razonados aún negativos te acercan más que te alejan. Cuando vas a una rueda de prensa después de perder un partido en la que hay 20 periodistas, algunos en prácticas, te sometes a un bombardeo del que es imposible salir ileso. No saben lo que cuesta mantener la compostura. Mientras fui entrenador del Racing sufrí el acoso permanente de un muchacho que tenía una columna en uno de los dos periódicos que se venden en la ciudad y una hora de radio cada día en el programa local. En sus preguntas había saña. De su boca salían culebras. Fue un ejercicio de contención del que me siento orgulloso. Una prueba extrema. Me pregunto si eso es periodismo. Realmente no se cómo llamarlo. Nada que ver con el raciocinio de Ramón Besa, José Sámano, David Gistau, y muchos más en sus artículos de opinión. Estarás más o menos de acuerdo con lo que dicen pero la claridad y la objetividad con la que escriben es manifiesta. Ese don supongo que es el mismo que tienen algunos jugadores para dar un pase prodigioso al lado que nadie espera. Son los que no necesitan siquiera pensar, las respuestas fluyen como un manantial lo hace de las profundidades. Claro que a veces se seca. La producción se ve alterada porque las condiciones cambian. No es lo mismo disponer de tiempo que tener que enviar la crónica casi sin terminar el partido. Las prisas se notan, como la valentía, la pasión o la seriedad. Al igual que un futbolista no juega ni parecido con la hierba alta y seca que húmeda y corta. Solo a los que la pegan para arriba les da igual. Y de esos hay muchos.

No se cómo me he atrevido a escribir este prólogo. Ni siquiera sé si lo he enfocado correctamente. Tampoco sé si mis experiencias y opiniones son compartidas y habituales por los que han estado en esta orilla. Ahora, me encuentro en las dos a la vez. Asisto cotidianamente a ruedas de prensa para responder cómo va el Lugo, equipo al que entreno y, cuando me lo piden, escribo comentarios sobre algunos partidos importantes en el diario *El Mundo* junto a Alcaide o Carbajosa. Desde que lo hago, con las prisas que me meten, me he vuelto mucho más comprensivo con los que me enjuician cada domingo.

Quique Setién
Ex-futbolista y entrenador
Columnista en El Mundo

A quienes han soportado el ruido de las teclas, que saben quienes son.

A quienes me animaron, que también lo saben.

A quienes me atendieron, que fueron demasiados.

Y, sobre todo, a mi familia, a mi mujer y a mis hijos por las tardes que no pasé con ellos.

Presentación

A medida que me hice mayor, descubrí problemas. No valía para las matemáticas. El latín no me gustaba lo suficiente y tenía mal oído para el inglés. Vivía en Nuevos Ministerios y trabajar en la administración me parecía un delito. Sólo había algo que realmente me gustaba: la escritura. Y los veranos pasaba horas escribiendo a solas tratando de parecerme a Luis Arnáiz, a Sarmiento Birba, a toda esa maravillosa gente del diario *As*. Cuando terminé el instituto, encontré la solución en la universidad de periodismo, entre esos gruesos muros de hormigón.

Allí me enamoré de *El País* de los lunes, de su sección de deportes. Su lectura era un rato prodigioso. Sus cronistas escribían con tanta libertad como el profesor Keating pedía sus alumnos en *El Club de los Poetas Muertos*, la película de esos años. Leía a Segurola, capaz de comparar a Lukic, un yugoslavo que jugó en el Atlético, con cualquier extranjero al que vieses pasear por la Gran Vía. Leía a Vicente Jiménez, que tiraba líneas de una manera única entre la forma de jugar de Juan Sabas y Paolo Futre en un partido de los rojiblancos en La Romareda.

Y me gustaba José Miguélez. Sobre todo, aquellas crónicas suyas del Rayo Vallecano de los domingos por la mañana. Hablaba del zapato izquierdo, no de la bota, de Pablo, un futbolista especial al tiempo que calculaba los años de fútbol que le quedaban a Hugo Sánchez según los rizos que perdía su cabellera.

Si aquel tipo de cosas eran posibles en la crónica deportiva, quedaba claro que debía ser un ejercicio maravilloso. En consecuencia, mi siguiente función fue la de parecerme a ellos y administrar en privado toda esa libertad. En mi habitación convivía con una vieja máquina de escribir, heredada de mi abuelo. Lo intenté. Al principio, era un tormento. Hice todas las crónicas de los partidos del Mundial de Italia 90 que retransmitieron por televisión. Después, las leía en voz alta en casa a mi padre y a mi hermano. Como imaginábamos que los periodistas escribían rápido, ellos cronometraban el tiempo que tardaba. Desde entonces, no leo a nadie con indiferencia.

He sido periodista a diario. Lo fui, sobre todo, durante cuatro años en *Alerta*, en Cantabria. Allí me acostumbré, como nunca, a la página en blanco. En un solo año, firmé más de 365. Creo que no hubo un solo párrafo que no cuidase como a un hijo. Aprendí que se puede escribir bien sin talento, que la voluntad también tiene derecho. Encontré historias en Bezana, en Castro Urdiales... En lugares donde sólo parecía que había plenos de ayuntamientos y cosas así.

Después volví a Madrid y encontré un lugar en *Diario 16* al lado de un tipo como Xabier R. Blanco. Tenía tanto desorden como talento. Le pasaba como a mí: escribiendo no se sentía inferior a nadie. El día que cerró el periódico regresó a Galicia. Y yo, por alguna extraña razón que el destino no sabe explicar, busqué un trabajo fijo y previsible. La vida me aplicó un horario cerrado. Aprendí que combatirse a uno mismo es la guerra más difícil. He vivido, sin embargo, la infancia de mis niños como la mía. Sobreviví al contraste más rotundo con el periodismo.

Entretanto nunca dejé de colaborar en publicaciones que no siempre eran de deportes. Un día, cuando el periódico ya estaba en los quioscos, hasta me atreví a proponerle a Miguélez colaborar con él en *Público*. No le conocía de nada, pero tuvo éxito. Pronto me llamó. Y, en los mejores tiempos, me concedió páginas enteras, historias valientes, el placer de volver al quiosco. Al menos, para mí es una sensación innegociable, que justifica hasta madrugar.

No sé si algún día regresaré al periodismo diario. En la noche me gusta pensar que sí. Sé que la vida de los periodistas no es modélica. Hay cierres que no te gustan. Hay llamadas de teléfono que pagarías por no tener que hacer. Pero escribir motiva. Por eso soy un elemento inquieto y tan perfeccionista que vuelvo locos a mis propios textos. Y por eso me gusta el periodismo. Te exige escribir rápido y, como decía el profesor Keating, aprovechar el momento *[carpe diem]* o buscar historias, que aunque algunos no quieran verlas, todavía las hay.

Sin ir más lejos, está que ustedes van a empezar a leer. Nació en mi imaginación en la redacción de un periódico mientras remataba mis textos. A mi alrededor observé que la historia también está dentro. Y, quizá por eso, decidí escribir este libro, todos estos relatos, la mayoría felices, de periodistas encantados. En el camino encontré camaradas sin reparos, gente buena e importante que me prestó parte de su tiempo. Y, sin estar todos los que son, ha salido esta historia que es la de ellos. Yo sólo me he dedicado a organizar lo que me contaron y a situar en la memoria algún recuerdo. También a devolver la salud a una extraordinaria pasión que no quiere ser vencida.

Madrid, junio de 2011

Vocación o victoria |01

1. Hijo, uno debe vivir de lo que es

A las nueve de la noche, cuando el resto de la ciudad descansa, hay gente que todavía vive en llamas. Los fines de semana ponen precio a sus cabezas. Son, en realidad, vocaciones extrañas que arrancaron sin un motivo especial. En su momento pidieron la palabra y no aceptaron tiranía. En el caso de Paco González, el hombre que dirige *Tiempo de juego* en la COPE, lo hizo entre las paredes de su habitación, en las horas de estudio. «Tenía una bola de tenis que la chocaba con la pared y retransmitía partidos imaginarios». Era el menor de cinco hermanos («uno es abogado, el otro militar, el siguiente trabaja en un banco y la chica, que estudió psicología, lo hace en el 112») de una familia de Madrid, donde el periodismo se interpretaba como un horizonte lejano o una profesión sin preferencia. Y Santiago Segurola, director adjunto de *Marca*, lo entiende, porque en su casa también pasó. Se crió en Barakal-do. Fue hijo de un obrero, que hasta los 23 años había sido futbolista profesional en el Granada y en el Cádiz. «Pero entonces se alistó al ejercito republicano, fue herido y quedó cojo en diciembre de 1936». Sí recuerda Segurola a ese hombre «como un fanático de los periódicos», capaz de transmitirle a su hijo esa herencia. Desde muy niño, ya distinguía la personalidad de los cronistas de deportes. «Yo me prestaba a ir a comprar la leche y el pan antes de ir al colegio, y aprovechaba cinco minutos en la escalera para leer, sobre todo, las páginas de deportes».

Hoy, no sabe si es el resultado de una vocación «o de una afinidad invisible». Sí sabe que su futuro, como el de su hermano mayor, estaba en la ingeniería. «Llegué a estudiar tres años en la universidad». Y ahora, en la frialdad de una pacífica conversación, recuerda a periodistas deportivos que también proceden de ciencias como Julio César Iglesias, Alfredo Relaño o Ignacio Romo, en su caso licenciado en Medicina. También Paco García Caridad, en tercero de bachillerato, dudó entre humanidades y ciencias. «La química se me daba muy bien». Al final, eligió letras. Luego, se matriculó en la facultad de Periodismo. Y, en esta profesión, encontró el resto de su vida, como le pasó a Segurola, cuyo talento se reconoció en las aulas. «Un profesor, José Manuel Alonso, me ofreció hacer prácticas en *El Correo*». Hacía años que había roto su compromiso con la ingeniería. Recordó entonces al niño que fue. «Es verdad que en la infancia sentía ese deseo de escribir, de contar historias y de transcribirlas a las páginas de un periódico». Hoy, echa de menos la memoria de la niñez («a veces, da la sensación de que te rindes ante el desgaste de la vida») y ya no escribe todos los días. «Es más, necesito no escribir para poder pensar». Y en sus ratos libres sigue ejerciendo de periodista con amplias horas de soledad, de lectura y de mucha prensa extranjera. «Estuve suscrito a *Sports Illustrated* cuando venía en barco y tardaba 30 días en llegar».

El periodismo deportivo posee una extraña adicción. Quizá porque casi siempre nace de una pasión que sitúa a José Miguélez, redactor jefe de *Público*, en el Parque de las Avenidas de Madrid, el barrio en el que creció, en la temporada 80-81, atento a todo lo que significaba el Atlético que presidía Alfonso Cabeza. «Hice las crónicas de cada partido y, después, las pegaba, junto con el recorte de los periódicos, en un cuaderno. Y entonces me di cuenta de que el victimismo era mal consejero». A varios kilómetros, en el distrito de Usera, Juan Carlos Rivero (hoy en RTVE) descubría a los ocho años que sus hermanos no jugaban al futbolín si él «no retransmitía las partidas». Años después, Javier Hoyos, actual director de *Carrusel deportivo*, debía enfrentarse a la tradición de su tierra. «Tenía nota para estudiar Derecho en la Universidad de Deusto con todo el prestigio que eso significa en el País Vasco». Ninguno de ellos conocía, ni siquiera silenciosamente, los abusos del periodismo. Sus familias tampoco concebían esta opción como una profesión de futuro. Paco González se lo escuchó a sus padres, pero respondió con energía. «Yo quiero ser periodista». El primer día de 1987, que entró en la Cadena SER, recuerda que insistió hasta el infinito para que lo mandasen a la redacción de deportes. Prometió que, si lo hacían, se encargaría de llevar los cafés. Y allí, por cierto, encontró a un tal Manolo Lama, andaluz y de buena talla, que era de su generación. Había jugado al baloncesto en el Instituto Ramiro de Maeztu donde incluso había coincidido con el mítico Fernando Martín y que, en principio, tampoco tenía motivos para asociarse al periodismo. «Mi única vinculación era un primo hermano mío que trabajaba en el *Marca* y con el que no tenía relación».

Pero en 1987, Lama estaba a un solo año de narrar en directo su primera medalla olímpica en los Juegos de Seúl, los primeros a los que acudió de enviado especial. «Recuerdo que fue la de dobles, de Conchita Martínez y Arantxa Sánchez Vicario». Y lo interpretó casi como un hito al que los periodistas españoles no estaban nada acostumbrados. Lama, sin embargo estuvo allí. Su relación con la profesión ya corría fuerte. Todavía hoy se mantiene en primera línea y viaja al nivel de entonces, algo que ni el mismo concibe todas esas noches en las que vuelve a casa de madrugada. Mira entonces el reloj y recuerda que «a las 10.30 de la mañana ya estoy en la televisión». Así que carece de tiempo para volver a las canchas del Ramiro a jugar al baloncesto. Aún menos los fines de semana, en los que tiene cita en los aeropuertos, «en esos lugares inhóspitos en los que no se hace más que perder el tiempo». Y ya no sabe qué propaganda hacer de esta profesión que, curiosamente, ha elegido una de sus hijas. «Yo no le dije nada ni le he echado una mano». La otra, no. «Ha preferido magisterio». En todo caso, su intervención fue la misma, «prefiero que sean ellas».

Los periodistas, en realidad, son ellos mismos. Su crónica de vida es desordenada casi a la fuerza. Acostumbrado a trabajar con los horarios de Nueva York, Joaquín Maroto, reputado redactor de *As*, envidia a su actual mujer. «Ella es abogado y sabe el plan de trabajo del próximo mes». Él, sin embargo, desconoce el del día siguiente y hasta es posible que «a las nueve de la noche permanezca nervioso con la página en blanco», a la espera de un argumento que la alimente. Siendo así, está claro que es una profesión de locura, en la que las prisas edifican su propia montaña y ser un hombre de la calle equivale a reportero, a una desordenada libreta y a una grabadora sin pilas. En la línea de fuego, aunque no lo parezca, casi siempre hay una historia que manifiesta su derecho a ser contada. Y por eso mismo Ramón Besa, redactor jefe de Deportes de *El País* en Cataluña, se hizo periodista. «Soy de un pueblo de 400 habitantes en el que pasaba poco tiempo en casa porque nunca sucedía nada. Sin embargo, en la calle sí, y me preocupaba por dar sentido a esas anécdotas». Después, apareció el periodismo deportivo en su vida para complacer al futbolista que no pudo ser. «Llegué hasta Segunda Regional, que fue cuando se me fastidiaron los meniscos y descubrí que el balón iba a una velocidad y yo a otra». Amaneció el periodista y lo admitió como un magnífico derecho. «Mi fortuna es que, en el periódico, puedo interpretar esa pasión por el fútbol».

García Caridad, director de Radio Marca, también es un apasionado de esta profesión que lo ha visto crecer en Las Palmas y en Zaragoza como delegado de Antena 3 Radio. Pero realiza un diagnóstico casi académico de su tiranía: «La profesión no lo es todo en la vida». Por eso jamás se encerró en esa jungla de cristal. «Uno, aparte de padre de familia, también es ciudadano». Siempre que puede, «aunque sea poco tiempo», procura ir a cenar a casa. Paco González, sin embargo, recuerda que él no engañó a nadie. «Mi mujer me conoció así». Joaquín Maroto juzga que lo que no se puede hacer es lo que hizo él cuando fue de enviado especial al Mundial de Estados Unidos 94. «Me tiré ocho o diez días seguidos sin llamar a casa». El futuro le pasó precio. Acepta que esta profesión le «costó un matrimonio» y lamenta lo que ya no tiene solución. Trata, eso sí, de justificarse. «Era una época en la que yo tenía mi agobio: la hipoteca, el colegio de los niños, la necesidad de colaborar en varios sitios...». Con el paso de los años, siente que sus hijos le han perdonado, «porque quieren vincular su vida al periodismo», aunque su primer testamento sabe agridulce: «Cada día que pierdes con los ellos ya no vuelve».

Pero esas son las exigencias de una vocación que también retrata la biografía de Miguélez. «Yo me casé siendo colaborador a la pieza en *El País*». Allí apareció un día de 1991 y recuerda que Álex Martínez Roig, el jefe, le dijo que estaba muy difícil publicar «un artículo a la semana». La realidad fue diferente y Miguélez se convirtió en un elemento decisivo. «Había muchísimos días en los que abría la sección de deportes». El precio, sin embargo, fue alto. Hasta que le contrataron pasaron seis años, y en los cuatro primeros no libró «un solo día». Y no podía ser fácil vivir así.

Alfredo Relaño, actual director del diario *As*, escuchaba, en esa época, a compañeros de su edad protestar porque no entendían que la vida fuese tan rápido. «Tenían niños y se quejaban de que su infancia se les había pasado sin enterarse». Relaño vivió el carácter nómada de esta profesión en los 80 y lo aceptó sin rebeldía. Pero era diferente. «Estaba soltero y no tenía mayor compromiso». Quizá por eso, y porque se servía de experiencias ajenas, fue un padre tardío. Su carnet de identidad superaba los 40 años cuando tuvo al primero. La ventaja es que su vida ya estaba bien dirigida. Había abusado lo suficiente del periodismo, de las carreteras y de las noches de hotel. El padre de familia pidió la vez y comprobó que la vida es bella. «Me aislé de viajar para estar más tiempo en casa y descubrir el placer de llevar a los niños al colegio o de pasear con ellos por la Casa de Campo». Y sólo se trató de moderar esa vocación por el periodismo sin la que ya no sabría vivir.

Joaquín Maroto en los peores momentos, en los que más angustia el reloj, recuerda lo que una vez escuchó a su padre: «Hijo, uno tiene que vivir de lo que es». Maroto era entonces un hombre con dudas y sin bandera blanca. Acababa de terminar como jefe de Prensa del Real Madrid y manejaba ofertas de empresas importantes para pasar a su gabinete de comunicación. La otra opción era regresar al *As*. La duda, sin embargo, no liberaba a Maroto hasta que un día apareció su padre para apagar ese incendio. «Conoces tu vocación y no puedes olvidarla». Y Maroto volvió al *As*, a esos barrios grises y a esos horarios tantas veces camaleónicos. Pero ni siquiera en los peores días del invierno se lo reprocha, todo lo contrario. Quizá porque no sólo es la vocación. También son los principios de uno mismo que, en el caso de Miguélez, le llevaron a atrapar una historia sin pecado. Era jefe de sección de *El País* y colaboraba entonces en *El Tirachinas* de Abellán. Su libertad murió el día en el que José Ramón de la Morena, después de una ruidosa discusión con Abellán, ordenó que todos los hombres del grupo se retirasen de la COPE. A Miguélez le decepcionó demasiado. «Si me quedaba, me prometieron ascenderme en breve a redactor jefe». La tentación fue insuficiente. «Yo no preguntaba por cuánto tiempo tenía que dejar la COPE, sino por qué». Y, después de trece años, abandonó *El País*, renunció a una magnífica indemnización y marchó a *Marca,* donde negoció a la baja. «El año anterior me habían ofrecido ser subdirector con un contrato blindado». Pero, por encima del recuerdo tan perverso, a su lado encontré el relato más emotivo de los que escuché en la realización de este libro. «El día que conté los motivos a mis hijos el mayor, que tenía ocho años, se tiró hacia a mí y me abrazó como nunca podré olvidar».

2. La palabra, mi pelota de fútbol

Los periodistas son cirujanos del deporte, ángeles multiplicados, niños grandes, que captan rápido el escenario. «Mi pelota de fútbol es la palabra», dice John Carlin, autor de *El factor humano,* el libro que inspiró a Clint Eastwood para su película *Invictus.* Su imparable biografía atiende a una cita cada domingo en *El País,* donde Carlin escribe una columna de deportes. Su conexión con el fútbol arrancó en su infancia en Buenos Aires. «Fui un *pibe* porteño y, por lo tanto, es imposible que no saliese un fanático de la pelota. A los seis años, ya daba la vuelta a la manzana cada vez que ganaba el equipo que mi barrio, el Excursionistas». Carlin se acuerda de leer «a esa edad, aquellas crónicas de los combates de Cassius Clay». Desde entonces, le prometió un amor eterno al periodismo escrito y al deporte, donde encontró la libertad que no tenía «cuando escribía sobre las guerras de El Salvador en *The Times*» para llegar a los corazones de la gente.

Carlos Arribas, redactor de *El País*, ya manejaba buena información deportiva en su niñez, donde no sólo adoraba el ciclismo, «un deporte que te permite soñar mucho». Y recuerda que meses antes de los Juegos de Münich 72, le regalaron «el libro, *De Olimpia a Munich,* de Andreu Mercé Varela, lo devoré en unas horas y me empapé de toda la historia de los Juegos». Y ahora, que ya no tiene 14 años, ha salido de esa burbuja de cristal. Pero hay escenas de los Juegos que no le abandonarán nunca como la de Ignacio Sola, aquel saltador español de pértiga, de su gloria fugaz el 16 de octubre de 1968 en Méjico. «En su segundo intento», recuerda, «saltó 5,20 y se convirtió en récord olímpico durante 30 minutos». Los Juegos, sin embargo, ya no son como los que contemplaba desde su casa, «todas aquellas tardes de sofá». Arribas ha sido enviado especial en las últimas cuatro ediciones, en las que no sólo se emociona, sino que también *quiere emocionarse.* A veces, le cuesta porque los periodistas casi siempre se hospedan lejos, «son horas de autobús todos los días», y se sientan cansados frente al ordenador. Pero, básicamente, Arribas sigue esforzándose por ser el que pretendió ser: un hombre que pregunta por todo, que aún no ha envejecido periodísticamente, capaz de escribir, incluso, en estado de *shock* como aquella mañana del 11-M en la que, mientras despertaba, escuchó la explosión de las bombas en los trenes, el ruido de la masacre enfrente de su casa. Y después trazó un relato prodigioso, difícilmente olvidable, en el que se dio cuenta de lo que significaba ser periodista deportivo, porque «a lo máximo, escribes de perdedores». Y, curiosamente, él siente más afinidad por ellos que por los ganadores. Pero Arribas sabe que la norma no es esa. «La mayoría de las veces escribes con sed en deportes, con alegría, para ayudar a la gente a salir de la zona gris de su vida, a buscar su lado emocional».

Arribas se acordó entonces de Alfredo Relaño, el director de *As*, que está cansado de ver «las primeras páginas de los periódicos ocupadas por los fracasos de los hombres. Para ver los éxitos, hay que ir a las deportivas». Y es como si regresase a la infancia. Allí, Relaño conoció su vocación, «que nació leyendo los cuentos de Tintín» y que casi se separa de ella para escuchar la tradición familiar. «Era bueno en dibujo e intenté estudiar Ingeniería de Caminos. Mi padre había querido serlo, mi hermano había estudiado esa carrera... Pero no pudo ser. Sólo duré dos años». Fue entonces cuando se sinceró con el periodismo. Comenzó en *Marca* «peleando en los entrenamientos» y luego fue uno de los fundadores de *El País* en 1976. Hoy, a los 60 años, ejemplifica una biografía magnífica en la que no habita el olvido. Al lado del deporte también aprendió «a saber ganar, a saber perder». Se convirtió en un habilidoso editorialista, incapaz de prescindir de esos tres párrafos que escribe al día, todos, sin faltar uno sólo. Su vida como director en parte es la nuestra, acostumbrados a vivir de metáforas, de domingos de fútbol o de guerras en las que sí existe el empate.

Quizá sea la parte más aconsejable de una profesión, que siempre está viva, a cualquier hora, incluso a la del desayuno. «A los diez u once años, precisamente, yo utilizaba el dinero que me daba mi madre para desayunar en comprar el *As*», recuerda Ladislao Moñino, actual redactor de *Público*. «A esa edad, ya codificaba firmas como las de Sarmiento Birba o Luís Arnáiz». Después ingresó en la redacción del deportivo donde se encontró con Juanma Trueba que, antes de ser periodista, se imaginó futbolista. La ventaja es que ahora como periodista le puede reprochar a un seleccionador nacional las viejas heridas de juventud. Trueba jugaba en la Primera División de fútbol madrileño, con los Escolapios de Pozuelo, el mismo colegio en el que lo hizo el famoso futbolista Martín Vázquez. Un día se enfrentó al Real Madrid, en el que Vicente Del Bosque era el responsable de esa cantera. «¿Cómo es posible que todos ellos, excepto el siete y el nueve, fuesen tan altos, tuviesen hasta bigote y pelos en las piernas a esa edad?», le preguntó y, a continuación, le recordó ese momento «en el que el ocho fue a lanzar un golpe franco y antes de que conectase con la pelota todos los de la barrera, aterrorizados, nos caímos de golpe». Pero el seleccionador no contesta, sólo sonríe.

Cada día puede ser una forma de vida que no acepta el antifaz, porque rápidamente te recuerda lo que eres, donde estás o donde podrías estar. «Hay semanas en las que me toca el informativo de fin de semana y entro a trabajar a las cinco de la mañana», señala Ramón Fuentes, uno de los rostros de deportes en Tele 5. «Y cuando escucho el despertador me cuesta, pero entonces me digo a mí mismo ¿de qué te vas a quejar si eres un privilegiado?». Jon Rivas, redactor de *El Mundo*, en los momentos más sacrificados del Tour de Francia, siempre se acuerda de lo que decía Alfonso Rojo en sus tiempos de reportero de guerra: «peor sería tener que trabajar». Al fin y al cabo, en el periodismo las derrotas son cortas, los triunfos largos y los sacrificios menores. Trueba, en la paz de una mañana primaveral, insiste. «Todavía me sorprende la cantidad de vocaciones que encuentro en este oficio».

Tomás Guasch, a los 57 años, aún presume de una felicidad campera e inagotable, la misma que advirtió en 1981, cuando empezó en *El Mundo Deportivo*. «Yo siempre digo que mis primeros años de profesión tenía que haberlos pagado en lugar de cobrarlos». Ignacio Romo viaja a días sin precio como ése en el que entrevistó a su ídolo, Sebastian Coe, en los Juegos de Pekín. «No es fácil estar frío, saludar cortésmente o fingir que no sientes ninguna emoción al estar con tu ídolo».

Alejandro Delmás, redactor de *As*, soñaba con acompañar a la historia cuando vio el salto de Bob Beamon en los Juegos Olímpicos de Méjico 68 desde el salón de su casa en Sevilla. «No me perdí nada y lo recuerdo como si fuese hoy». Después, ha vivido un periodismo maravilloso en el que se le ha dado libertad, dinero para viajar y una cama de hotel. Moñino piensa que eso es lo más grande y se acuerda de aquel año en el *As* en el que, siendo un novato, propuso un viaje de quince días a Brasil para hacer reportajes. «El día que me lo concedieron me sentí el hombre más feliz del mundo». Una vez en Río de Janeiro, Moñino llegó a muchos sitios, a las *favelas*, a Roberto *Dinamita*, incluso a *Didi*, «antes de morir», le dio un balón y con una mano le enseñó «como se hacía la *folha seca*». Algo que sucede en esta profesión, donde se conocen hombres y no sólo personajes. Y, en lo posible, se evita la tentación de amistades peligrosas que Alejandro Delmás no aconsejaría a nadie. «Me he llevado demasiados desengaños». Pero si la historia te propone un trueque debes abrir los ojos y reparar que tal vez nunca más vuelva a pasar.

«Yo recibí la oferta de *Público* meses antes de que naciese el periódico», recuerda Moñino, «justo en el aeropuerto Internacional de Caracas cuando venía de la Copa de América 2007». Y, una vez en la redacción, se encontró a Gonzalo Cabeza, que fue uno de los redactores fundadores de *Público* como su padre, Ángel Cabeza, lo fue de *El Mundo* en 1989. Gonzalo nunca tendrá la seguridad laboral de su hermano, que opositó en el mundo judicial, pero ha elegido lo que necesitaba elegir. Quizá fuese la huella de la genética, la lámpara de Aladino o la prodigiosa sensación de buscar noticias a solas. El último día que estuve con él lo demostró. Llegó hasta el vestuario del Barcelona de baloncesto, recién coronado campeón de Copa del Rey, y logró una entrevista a solas con Anderson, jugador de la final. Y se supone que eso es lo que no tiene precio en toda esta historia, que arrastra generaciones y que te ayuda a preguntarte por qué. José Miguélez lo hizo un día en *El País*. El titular quería saber «¿Qué fue de *Oliver y Benji*?». La respuesta estaba en un texto prodigioso que recordaba a un equipo del Atlético de Madrid que, en su época infantil, llegó a los 308 goles. Descubrió a un camarero, a un taxista, a más estudiantes, a los que el fútbol engañó de niños. Luego, no les concedió permiso. El tren pasó y no hizo caso.

3. Prestigio o popularidad

El periodista deportivo vive la pasión de la victoria. También la humanidad de la derrota. En los periódicos las páginas siempre viven en estado de sitio. Nunca se sabe si hay que prevenir o curar o si dentro de diez minutos vas a contar la noticia de tu vida. No suele ocurrir, pero puede pasar. Gente con predisposición al sacrificio y a días largos, trabajan en un mundo de sorpresas y reacciones inesperadas. Ahora, quizá sea una especie de locura, un modelo que determinados periodistas como Ramón Besa, a veces, detestan. «Prefiero un prestigio reducido a una popularidad malentendida». Besa arranca en el amor al periodismo y en la escritura fiel, en la que sólo se admiten los gritos de los futbolistas y no de los periodistas. Y en ese escenario lo más cuerdo probablemente sea lo que dice Tomás Guasch, que reivindica su perfil apasionado y no fanático. «No conozco nada más democrático que un quiosco», asegura antes de recordar lo que tantas veces le escuchó decir a J.J. Castillo en *El Mundo Deportivo* para diferenciar la necesidad de la pasión, «nosotros somos barcelonistas, pero no *culés*».

Hay gente que lo llama periodismo de empresa y quizá sea así. Se ha llegado a un punto en el que en esta profesión vale todo. Corazones de hielo; gatos de mercado; vocaciones tempranas o tardías, noches de Cutty Sark y ese aire de Sherlock Holmes en cada esquina. Quizá no sea una profesión maravillosa, pero sí puede serlo. Todo es cuestión de imaginarse en medio de la dificultad, de saber que empiezan muchos y llegan pocos. A menudo, Antonio Lobato, la voz de la Fórmula 1 en La Sexta, recuerda que fue uno de los trece elegidos de los 300 que se presentaron para realizar unas prácticas en el diario *ABC*.

Era en los años 80 cuando José María García representaba una de las voces punteras de la radio nocturna. En medio de sus discursos y de sus silencios, a menudo, recordaba su pasado, al adolescente que fue y que, a los 14 años, escribió en la revista *Perseverancia* del colegio Maravillas de Madrid que sólo quería ser «contador de cosas» y reservó derecho de admisión en un trabajo que luego depuró al máximo. Llegó, incluso, el día en el que tuvo las maletas «en siete sitios diferentes» y ese otro, en el que en un espacio de 24 horas, no sólo montó en moto. También lo hizo en tren, en coche y en helicóptero. Pero esas son las epopeyas de un oficio que David Alonso conoce en la Cadena SER desde el año 91.

Desde entonces, se acostumbró a un trabajo muy competitivo. «Se trata de conseguir las historias antes que nadie, y eso no es tan fácil». Pero, sobre todo, en aquellos años de los 90, en los que existía una desmedida competencia entre De la Morena y José María García, David se acuerda de trabajar casi con miedo. «Había mucha crispación y se llegaba a límites inadmisibles. Yo recuerdo la noche en la que se marchó Futre del Atlético de Madrid y, sobre todo, aquella persecución de coches por la M-30 hasta llegar a su casa». Pero ser periodista es acostumbrarse a la noche y a lo difícil; a despreciar las fiestas de guardar y a trabajar al revés del mundo. «Los domingos siempre fueron días sagrados», declara Josep María Artells, director adjunto de *El Mundo Deportivo*, donde es una de las voces de la primera reunión, la de las doce de la mañana, «en la que se piensa un periódico que tal vez no tenga nada que ver con el de las siete de la tarde». Entonces las impresoras sacan la portada definitiva, que es la de todos. «Y si resulta difícil de hacer», añade Artells, «es porque el día no ha sido bueno». Pero ni siquiera en la madrugada abandona ese punto de estrés o pasión, no sabría diferenciar. «Entras en el coche y pones la radio, llegas a casa y preguntas que ha pasado y, al día siguiente, lo primero que haces es abrir el periódico».

Por eso no toda la gente vale para este oficio. Son horas de viaje, de impaciencia en los aeropuertos; de prisas en la noche; de calles lluviosas en invierno y calurosas en verano; de muchísimo teléfono siempre. Un periodista, en realidad, es algo más que una historia bien escrita o una cuenta de resultados. Se trata de una atención permanente, de unos auriculares pegados a los oídos, y esa puede ser la crónica de toda una vida. Juan Gato lo sabe. Desde primeros de los 90 cuando le conocí en *As*, ha cubierto una amabilísima biografía en *El Mundo Deportivo* y ahora en *La Gaceta*. Su vocación jamás corrió peligro desde que escuchaba a uno de sus profesores, colaborador entonces de Europa Press, en el colegio Tajamar decir acerca del periodismo que «es la profesión en la que sabes de todo y no sabes de nada». Hoy, él sí sabe que «uno ha de ser periodista las 24 horas del día» y sin sufragio universal los fines de semana.

A veces, Luís Villarejo, jefe de Deportes de la Agencia EFE, se pregunta si es posible el periodismo deportivo sin pasión. Él, afortunadamente, está libre de ese mal, pero hay meses de verano en los que se cruza con becarios que aparecen en la agencia con una discreta cultura deportiva. «Los hay, incluso, que piensan que Pepe Legrá era actor». Y, sobre todo, se acuerda de aquel chaval que apareció con un equipaje intelectual de primera categoría. Sabía tantos idiomas («hablaba inglés, francés y ruso») que podría organizar una conversación en las montañas del Cáucaso, pero de entrada le faltaba esa pasión que acaricia corazones. «Al preguntarle quién era Santillana, le descolocabas», insiste Villarejo, que necesita de esa pasión, en la que las pesadillas se parecen a los sueños y en la que tu primer sueldo te advierte que el periodismo no te hará rico. Y es entonces cuando ha de ser uno mismo el que decida si vale la pena arriesgar. David Espinar, brillante periodista después en la COPE o en el *Marca*, decidió que sí y recuerda «esas primeras 5.000 pesetas» que le dio su jefe como un tesoro, una presunción de inocencia por elegir a esta mujer. «Antes, más que becarios», señala, «éramos aprendices». Espinar comenzó a los 18 años en Cadena Catalana y se memoriza a sí mismo en la sala de prensa del Camp Nou «junto a gente muy afianzada como Ramón Besa, Miguel Rico...».

4. No te harás rico

Son las cosas del periodismo deportivo, son las historias que lo envejecen o rejuvenecen, según. Son las mismas historias que hasta ahora han cumplido su primera promesa. Se trata de un relato casi apasionado y tal vez sea culpa mía, que arranqué por la clase noble. Quizá para descubrir si la vocación hace milagros o si el destino no tiene enemigos. Y, como en los pueblos pequeños, se sabe que los tiene. El fallecido Andrés Montes, a menudo, se quejaba de que «este trabajo no respeta trayectorias, hoy, eres portada de *Hola* y mañana estás vendiendo ejemplares de *La Farola* en cualquier semáforo de La Castellana». Montes, en realidad, fue un tipo que conoció los extremos de esta profesión. Un forajido de leyenda, que vivió y sintió. Quizá por eso reivindicaba con tanta atención su legendaria inseguridad o el bulevar de los sueños rotos. Felipe del Campo, el reportero que participó en el primer directo de La Sexta en 2006, le escuchó alguna vez. Aprendió, sin embargo, que el riesgo es tan necesario como un padre para un hijo. «Uno nace como muere: periodista. Y eso no se puede corregir». Director de Marca TV, a los 34 años, ya no se asusta por nada, pero sí invita a sus compañeros «a vivir el momento», como tantas veces pedía Andrés Montes, con y sin el micrófono abierto, daba igual. «Mañana te quedas en paro y, a diferencia de lo que le pasaría a un buen cirujano, puede que no te llame nadie».

Pero esta profesión es así. Quizá única, quizá ingobernable. Y por eso los que están arriba no se descuidan de los que viven abajo o ni siquiera están dados de alta en la Seguridad Social. La soledad es inoportuna y Antoni Daimiel, la voz de la NBA en Canal Plus o en la Cadena SER, acepta esa conversación. Él es uno de esos hombres que no se deja avasallar por su buen nombre. «Aquí la fama es ficticia». Y recuerda aquellos años, en los que empezó en *El día después* y se contrataba a un cámara «y se le pagaba 90.000 pesetas por un día entero de trabajo». «Ahora, por ese mismo trabajo, obtiene 90 o 100 euros». Daimiel acepta que ha tenido suerte, pero le asusta tanta precariedad. Por eso él asegura que, si mañana tiene un hijo, hará «todo lo posible para que no sea periodista». Tampoco esperará a que sea «demasiado tarde», porque, a su lado, se dibuja una realidad que ya no es ningún misterio. «Mi caso es uno entre mil, no nos engañemos». El diagnóstico final es más egoísta. Daimiel insiste: «Tuve compañeros que, cansados de currar como bestias y de que no les diese para vivir, debieron prepararse unas oposiciones».

Otros, los que se quedaron, muy posiblemente formen parte de esas clases desfavorecidas que pasan la vida en cuartos oscuros editando textos en los que, antes de respetarse a sí mismos, respetan un libro de estilo. Su fotografía es un misterio en transición en medio del océano. De ellos únicamente se sabe que sobreviven y que tienen derecho a dudar que exista el príncipe azul. Unas veces es cuestión de suerte porque la casualidad existe. Otras veces, sin embargo, sólo es cuestión de escuchar a gente que triunfa como José Ramón de la Morena, el director de *El Larguero*, que por las noches imagina que «el mejor periodista de este país no es muy conocido, será alguien muy honrado que gana muy poco, que trabaja muchas horas y que ha tenido menos oportunidades que nosotros». Pero seguramente ese periodista deportivo, anónimo y misterioso, al que nadie hace la ola, tampoco sería el esposo que Walter Matthau le aconsejaría a Susan Sarandon en *Primera plana*, la película de Billy Wilder: «Cásese con un enterrador o con un verdugo; con quien sea menos con un periodista». Cuando el personaje de Sarandon rebate que Hildy, su prometido, va a dejar el periodismo, Matthau no admite la réplica: «no se pueden quitar las manchas a un leopardo ni enganchar un caballo de carreras a un carro de basura». Al final, va a ser verdad y el padre de Joaquín Maroto va a llevar razón: «Hijo, uno tiene que vivir de lo que es».

En unos Juegos Olímpicos

Hoy, es un periodista polivalente; ayer, sólo fue un niño más. Hoy, no sólo es un analista de fútbol. También escribe de atletismo o de natación con seguridad. Ayer, vivía en Barakaldo, en un lugar del que procura una afortunada publicidad. «Me encanta mi pueblo: acepta a gentes de todas partes de España, lo que me permitió conocer hábitos muy diferentes». Aquel muchacho sentía una atención prodigiosa por el deporte. Era Santiago Segurola, que viaja al pasado, a los días de la niñez, a octubre del 68, a los Juegos Olímpicos de Méjico. Tenía once años, el imperativo de madrugar para ir a la escuela. Por eso no ahorraba horas de pelea con su madre. «Tenía que hacerlo para quedarme a media noche a ver las pruebas». El legado justifica la importancia. Incapaz de olvidar lo que vio en directo, de las inquietudes que le crearon todo eso, recuerda, como si fuese hoy, «el triunfo de Tommie Smith en los 200 o de Lee Evans en los 400». Sí echa de menos «el salto de Beamon, ese no lo vi en directo». Y en este rapidísimo regreso al pasado, Segurola se sitúa, años antes, junto a su hermano mayor, «viendo la película de los Juegos de Tokio 64». Y no sabe por qué, pero entre lo que se le quedó grabado figura «el triunfo de Robert Hayes en los 100 metros, en una pista de tierra y por la calle 1».

Hoy, ya es un hombre mayor. Tiene derecho a olvidar, pero no olvida. Cada vez que viaja de enviado especial a unos Juegos vuelve al pasado. «Se trata de un sueño cumplido», vuelve a decir. Y, sobre todo, lo fue en los primeros que vivió como periodista en Barcelona 92. «La ciudad estaba perfecta. Fuimos 60 o 70 redactores de *El País* y fue la única vez que estuve en la Villa Olímpica». Desde entonces, ha ido a todos. Sólo deja en mal lugar lo sucedido en Atlanta 96. «Hubo una amenaza de bomba que nos tuvo dos noches sin dormir». El resto, no hay rutina que valga, pertenece al territorio de los sueños. «¿Cómo no vas a valorar eso, algo que va a ser la referencia por los siglos de los siglos?». Pero también recuerda que los Juegos no son fáciles para el periodista. «Tienes que ordenar la cabeza para no volverte loco». Los horarios lo delatan. «Desde las ocho de la mañana hasta las tres de la madrugada no paras». Todo eso se manifiesta a la hora de escribir. Y sucede lo que nunca pensó de niño que sería posible en escenarios así. «A veces, llegas sin gasolina a los últimos días». Pero ya no estamos en Méjico 68. Segurola dejó de ser el niño de Barakaldo. «Aceptas que hay una dinámica y que debes hacerlo por encima de cualquier problema».

Caníbales de Internet | 02

1. Antes de que existiese

A los 19 años, Ignacio Romo empezaba a estudiar Medicina, pero no era suficiente. El resto del tiempo lo dividía entre el atletismo y el periodismo. Atleta juvenil notable en salto de longitud, con una marca de 6,60 metros conseguida en el campeonato de España de la categoría, anunciaba una extraña voluntad de periodista. El deseo lo encontró en *Atletismo español* donde publicó su primer artículo. Luego, se licenció en Medicina y ejerció. Tuvo consulta en la Seguridad Social, fue alférez médico en el Servicio Militar y, hasta no hace mucho, trabajaba en la industria farmacéutica. Sin embargo, nunca perdió de vista el periodismo. Su biografía consintió esa polivalencia. Y hoy es redactor en el diario *Público*, donde la vida no se parece nada a la de ayer, a la de ese año 85, en el que Romo se documentaba en la biblioteca. Ahora, ya no hace falta: Internet lo ha cambiado todo.

Romo ha encontrado un periodismo en el que los deportistas se desmarcan de los periodistas a través de Twitter. Y, en estos mismos días, las calles proclaman su pena, no ven a periodistas trasnochar. Las grabadoras tampoco se quedan sin pilas y los enviados especiales, como los derrotados, perdieron razón. Romo también escucha a José Miguélez, su jefe de Deportes. Un tipo con una vida severa, al que el fallecido Jesús Gil, presidente del Atlético de Madrid, sólo recibió una vez cariñosamente. Y fue en Belgrado, después de un terremoto, entre la vida y la muerte, nada más subir al avión de regreso. «¿Te puedes creer que el primero que he pensado ha sido en tí?», le dijo, «nos vamos todos y los hijos de puta como Miguélez...».

Miguélez, efectivamente, era un periodista incómodo y sin resignación. Tenía entonces la edad de los futbolistas, un carácter fuerte y un talento especial. Durante años, fue el hombre de la calle de *El País*, acompañado por su maleta, su libreta y un teléfono de línea. Cada día recorría la ciudad en su coche o en un vagón de Metro, de una punta a otra de Madrid. Cobraba a la pieza, como colaborador, y todo eso aumentó su perfil en una época que ya queda vieja. Miguélez se hizo periodista «en campos de tierra, no en Internet». Y allí conoció, sin necesidad de que lo avisasen, a un fenómeno como Raúl, en el Atlético, antes de que fuese todo lo que fue en el eterno rival. Pero los de hoy ya no son como los de ayer. Y por eso Miguélez se queja de que «el periodismo deportivo ha muerto». Al menos, el que hizo él, las 24 horas del día en la calle, un proceso más artesanal, en el que cada periodista era como una república independiente. Las noticias pertenecían a los que las buscaban, no a quienes las esperaban. «Ahora, son, simplemente, un negocio», admite.

Ignacio Romo tampoco se conforma. Aún en estos tiempos tan cómodos y abundantes. Es más, prefiere que le delaten los hechos en vez de las palabras. Al fondo ha quedado la Operación Galgo en la que, como periodista especializado en atletismo, manejaba una responsabilidad veraz. Pero, en realidad, el partido no empezó para Romo la noche en la que se descubrieron los hechos. Lo hizo todos esos días que, con o sin motivo, baja a las pistas del INEF. El argumento que da es que necesita conocer a los atletas y que ellos le conozcan a él. «Y, sobre todo, porque si me quedo sentado delante de la pantalla del ordenador podré opinar, pero no informar». Quizá por eso supo diferenciarse de los demás en esos días, en los que el atletismo se acostó en los juzgados. Atendió «al peso de una buena agenda», en la que diferencia lo esencial de lo superficial. «Una cosa es tener teléfonos importantes y otra que te descuelguen esos teléfonos». Pero ése es el riesgo en una época tan sospechosa para el periodismo. «Sólo creo en la independencia total», dice. «Yo soy amigo de Chema Martínez, pero si mañana veo que se ha equivocado lo digo y no entiendo que eso deba maltratar nuestra amistad». Pero Chema es atleta, no futbolista, y Romo sabe que «los futbolistas son otra historia».

Miguélez también lo sabe, aunque, si viaja a sus años jóvenes, no recuerda a esos tipos tan distantes. «Quizá porque tenían mi edad», admite, «y la relación era más natural». Y, por ejemplo, memoriza «a un Paulo Futre, que era una estrella, maravilloso». Quizá también porque existía esa clase de periodista de trincheras, capaz de organizarse a sí mismo y de respirar el aire puro de la calle. O quizá porque entonces estaba de moda el marcaje al hombre en el fútbol y, tal vez, en el periodismo. Y el locutor Pedro Pablo Parrado hablaba en antena de «perros de presa».

Uno de ellos era Joaquín Maroto, que parecía un agente del FBI, al que le pasaba lo que a Miguélez: el hecho de que las primicias esperasen hasta la mañana siguiente le motivaba. Además, no se sabía nada de Internet y escribir, como comprobaba Ignacio Romo cuando aparcaba los libros de anatomía, no sólo era para intelectuales. También era un placer. Y por eso Maroto era incapaz de vivir en paz. Quería la mejor materia prima del mercado, a ser posible, la única. Lo conocí a primeros de los noventa en *As*. Vivía una vida aparte de la redacción. Venía de *Marca*, donde se había popularizado rápido. Su mirada reconocía lo que decía ser: un tipo de la calle, que igual comía deprisa una hamburguesa en el Burger King de la Plaza de España que pisaba una alfombra persa. Tenía un aura de personaje y no menos de intriga. Al menos, ayer. Hoy, como imaginaba el día que le llamé, encontré a un hombre más mayor, al borde de los 50 años, engrasado ya en las nuevas tecnologías y con memorias. «Yo llegué a cenar unos huevos fritos en la cocina de Jesús Gil, y a bañarme en la piscina de Ramón Mendoza en su casa de Aravaca». Pero era otra época en la que las grabadoras te delataban rápido, porque no entraban en los bolsillos. Y, además, pesaban. Y los bolígrafos, malditos, también se quedaban sin tinta.

«Cuando yo estuve en *Marca*, Luís Infante me dijo que siguiese a Gil», recordó Maroto. «Luego, llegué a *As* y Rienzi me pidió que hiciera lo mismo con Mendoza, el presidente del Madrid». Un día más próximo fue Florentino Pérez el que le llamó para que le ayudase a preparar las elecciones a la presidencia del Madrid. Y ahora, en una pacífica tarde desde el diario *As*, Maroto aboga con desesperación, incluso, «por el viejo reportero». Sólo se desahoga «cuando viaja con la selección española». Pero, a diferencia del siglo pasado, el misterio decayó. Juega en días y en escenarios más previsibles. Gasta menos billetes de avión y casi ninguno de metro.

A Miguélez le pasa lo mismo. A menudo, porque el periodista nunca muere, echa en falta lo que vivió ayer. «Mi generación estaba menos preparada, pero tenía más carácter». Incluso, al analizar a los jóvenes de hoy, Miguélez señala que los viejos pueden estar tranquilos, «va a costar que nos muevan del sitio», mientras que Maroto sigue sin entender porque un día cambió todo esto: «antes, para contar algo, se daba por hecho que debías estar ahí». Y, es más, cuando retrocede al año 1986, en el que coincidió con Alfredo Relaño como enviado especial en el Mundial de Méjico, llena de encanto al corazón: «en los días libres jugaba al tenis con Camacho o al ajedrez con Butragueño y, si salíamos a comer, nos íbamos todos juntos». El motivo por el que ahora recuerda esos días obedece a una pregunta: «¿acaso hoy sería posible?». La respuesta, sin embargo, parece más reacia.

2. Viaje a la prehistoria

Hubo una prehistoria, claro, en el periodismo. Yo llegué tarde a ella en *As*, pero llegué. Y conocí a Sarmiento Birba, que tenía máquina de escribir, un puro entre los labios y un corazón de gigante. Y, sobre todo, a Luis Arnáiz, misterioso como el arcoiris. Capaz de ordenarse en la anarquía de su mesa, de hablar horas enteras por teléfono o de viajar, durante semanas a Buenos Aires, y regresar con una colección de entrevistas o reportajes que despertaban al corazón. Y en esa prehistoria también leía a Francesc Aguilar, viajero impenitente en *El Mundo Deportivo*, hombre de mil y una hazañas. Su segundo corazón, cuando viajaba al extranjero, era la incertidumbre. Volvía de Moscú y no había tenido tiempo ni de fotografiarse junto a la Plaza Roja o la Catedral de San Basilio. A la noche, se acostaba agotado, porque «las comunicaciones eran muy problemáticas». Un proceso que ahora se hace en segundos y que entonces parecía una película de espías, con cielos grises y actividad tormentosa. Aguilar nunca olvidará el año en el que se levantó el castigo a los equipos ingleses que les permitía volver a competir en la entonces Copa de Europa. Él era el único periodista español que estaba en Portugal, pero no veía manera de transmitir la noticia a su periódico. «Tuve que ir a una casa privada, que era como un monasterio y pagar lo que me pidieron para que me dejasen el teléfono y enviar la noticia».

Hoy, quizá sólo sea un ejercicio de memoria o de poesía: cualquier periodista de la época maneja experiencias de ese corte. Aquí y en el extranjero, donde Aguilar sobrevivió a la soledad del enviado especial. Pero era diferente como aquel verano, antes del Mundial de España 82, en el que siguió durante un mes en Novi Sad a la selección yugoslava de Miljanic y parecía un futbolista más. «Bajaba en autobús a los entrenamientos con ellos, comía con ellos y mi presencia no les incomodaba». Era de lo más natural. El pasado sólo descubre su corazón. Y atiende, claro, al valor de una época, en la que Santiago Segurola se iniciaba en el periodismo escrito en *El Correo*. En el año 86 se trasladaba a vivir a Las Arenas. De entrada se dedicó a sucesos y aprendió «a escribir con rapidez sobre lo inesperado». Se acuerda en esa época «de cortar teletipos a mano o de llamar desde cabinas de teléfono». Y, sobre todo, «de un oficio más simple, no más romántico», en el que ocurría lo contrario de ahora: «había más seguridad que inseguridad». La siguiente pregunta, que se hace Segurola en estos tiempos, está por aterrizar: «¿seguirán existiendo en el futuro empresas que acepten soportar el coste de las redacciones tal y como están montadas hoy en día?».

La duda tampoco es ajena para Juanma Trueba, que en aquellos años ni se la imaginaba. También lo conocí en *As*, venía de los Escolapios, donde tenía decidido estudiar Empresariales en la Complutense. «Sonaba bien eso de ser un rico empresario». Pero allí descubrió que «para enterarme de algo en clase de matemáticas, necesitaba estar en primera fila y siempre llegaba tarde, así que no me enteraba de nada». Y formalizó su relación con el periodismo «sin más vinculación con la escritura que las cartas de amor de la juventud». Luego, pasó a hacer prácticas a la Agencia EFE («donde puse deportes como cuarta opción») y, finalmente, a *As*, donde conoció el periodismo que algún día existió.

Ahora, Trueba se esfuerza por regresar a ese pasado. «Pero, sinceramente, me cuesta recordar cómo se podía hacer el perfil de un jugador o de un equipo extranjero. ¿Cómo se sabía entonces quién era la estrella del Hadjuk Split?». Era quizá la diferencia de aquel periodismo en el que las dudas rompían cabezas. Francesc Aguilar, cuando viajaba a los sorteos de la Copa de Europa, aprovechaba para hacer amistades. «Cuando al Barcelona le tocó el Lokomotiv», señala, «tuve que enviar un telex a un periodista de Rusia con el que había hecho trato en algún viaje para que me contase como era el equipo... Tardaba, eso sí, varios días». Su pregunta no tenía motivo: «¿Llamar por teléfono? No, no, en aquellos años yo creo que era inviable». Pero ahora es lo más normal del mundo. «El periodismo, en realidad, no ha cambiado tanto: lo han hecho las comunicaciones».

3. Guiones en el iPod

Un día apareció Internet, que al principio fue una herramienta lenta. Pero hoy ya no. Hasta el punto de escuchar en antena que Miguel Ángel Méndez, subdirector de Radio Marca, tiene escrito el guión de su programa radiofónico en el iPod, en ese minúsculo aparato que gobierna su memoria y vive en sus manos.

Los periodistas deportivos de ahora desconfían de los fósiles del pasado y ya no entienden como se podían hacer periódicos sin ordenadores ni teléfonos móviles. Y, por supuesto, sin Twitter, donde futbolistas como Gerard Piqué escriben lo que les parece. Y Trueba, que ya es subdirector de *As*, lo lee. Después, vuelve al año 1993, a su primer año y a toda esa colección de recuerdos en blanco y negro; a todas esas máquinas de escribir que, «a diferencia de lo que pasaba en EFE», seguían activas. Y, sobre todo, memoriza «un ambiente detenido en el tiempo»; un archivo arcaico, «con las fotografías metidas en cajas de zapatos»; un cuarto de baño «con bañera y cortinas», y ese pobre motorista, «que venía a recoger las páginas para llevarlas a la imprenta y que un día se cayó y todas volaron por la carretera...». Y en ese ambiente, «que parecía el antiguo régimen», esas páginas se dibujaban con gruesos rotuladores y parecían trabajos de pretecnología. Sin embargo, ese periódico no faltó un solo día en el quiosco. Hoy, Trueba piensa en eso y es como si volviese a escuchar a Norma Desmond en *El crepúsculo de los dioses*: «yo sigo siendo grande, es el cine el que se ha hecho pequeño».

Pero el cine no se ha hecho pequeño. Al contrario: es la realidad la que presenta su amenaza. En el Máster de *El País*, que ya cumple más de 25 años, casi todas las enseñanzas se dirigen a la era digital: el papel se hace viejo, lo sabe y no lo disimula. Y eso atenta contra todos los que se criaron a su lado, de esa escuela de la vida o de ese mundo que ya casi no existe.

Quizá porque un día el periodismo perdió su derecho a la intimidad, lo cierto es que Luis Villarejo algo debe saber de esto. Trabaja en un mundo, en el que la urgencia rompe corazones. Jefe de la sección de Fútbol en la Agencia EFE, aprendió a administrar las prisas antes que a editar textos en el programa InDesign. Viaja al día de ayer, al verano de 1987, a todo ese boletín de sueños que le recibieron como becario en *Marca*. Y se acuerda de que ese fue «el último verano en el que había noticias en los diarios. Te levantabas por la mañana con la sensación de que al abrirlos te podías enterar de alguna nueva». Pero aquellos periódicos ya son como perros perdidos en medio de la lluvia. «Fue el año que llegó Jesús Gil a la presidencia del Atlético. Había días en los que cerraba un fichaje por la mañana y otro por la tarde. Y, a lo mejor, era un solo periodista el que se enteraba como pasó con el traspaso de Parra del Madrid al Atlético. Fue José Manuel García el único que dio la noticia en *Marca*».

4. El empate no es solución

Ahora son otros tiempos, a veces teatrales, rapídisimos siempre. Y ya no sé si Arnáiz, si volviese con su maravillosa escritura, entendería todo eso. Sí sé que aquella profecía que Alfredo Relaño, antes de ser director de *As* le pronosticaba a su padre se hizo adulta: «algún día verás cómo acabamos leyendo los periódicos en casa por el ordenador». Y cada día es uno más de los que reclama su independencia a través de la Red, con un motor de búsqueda tan poderoso que parece infinito. Google, dicen, encontró la fórmula de la Coca Cola. Y ya no se sabe dónde está la línea de meta de las noticias, que no son de los que las dan primero, sino de los que mejor las cuentan.

José Luis Corrochano es de mi generación. Arrancó en la profesión en 1993. Hoy, es un respetado periodista, que trata el deporte a mediodía con amabilidad y que atiende a un diagnóstico realista desde la Cadena Cope. «Desde hace tiempo, yo digo que en la radio los programas de las doce de la noche están en peligro de extinción, porque a esa hora está ya todo contado. Hace tiempo que no enciendes la radio por la noche y te enteras de una noticia». Pero es la incorregible dictadura de los nuevos tiempos, de noticias industriales y muy poco protegidas ya, cansadas quizá de soportar tanta urgencia. «Ahora, se puede hacer un periódico sin salir de la casa. Las redacciones están vacías de noticias y llenas de gente», denuncia Ramón Besa, redactor jefe de *El País* en Cataluña, periodista de los de antes y nostálgico, tal vez, de una época que ya pasó.

Carlos Arribas también trabaja en *El País,* donde ya tiene el billete de avión sobre la mesa para viajar a la próxima carrera ciclista. Pero antes de marchar protesta, como casi siempre, por culpa de un periodismo acomodado. Por eso le resulta difícil descifrar ese escenario en el que arrancó en 1992. Era otra cosa y es verdad: no existía Internet. Era un periodismo de vencedores y vencidos. «Ahora, parece como si todos nos conformásemos con el empate, como si fuésemos caníbales de la red». Arribas lo lamenta muy sinceramente. «Para algunos», protesta, «han desaparecido las ganas de buscar noticias». En cada esquina existe una página web «y ha perdido valor la mirada propia, el afán de curiosidad».

Y, en una época así, Alejandro Delmás se siente herido. Siempre fue un tipo extraño, un cráneo privilegiado, un redactor sin cargo en los miles de periódicos en los que estuvo. A cambio, tuvo una suprema libertad. Cantidad de itinerarios y ningún sitio fijo. Pero ahora, en el *As,* no sólo se queja de que le falta espacio. También reconocimiento. No sólo lo intuye, también lo denuncia. Viene del Mundial de atletismo de pista cubierta de París con una entrevista al magnífico atleta francés Christophe Lemaitre. «Soy el único que se queda a esperar que salga y parece que ni se valora». Y en 1976, cuando él empezó, no era así. «No recuerdo ningún deportista mundial de las dos últimas décadas al que no haya entrevistado. Puedo hablar de *Magic* Johnson, Michael Jordan, Usain Bolt, Michael Phelps, Carl Lewis, Ben Johnson...». Sin embargo, el día, en el que hablé con él, acababa de leer «unas páginas centrales en un periódico deportivo dedicadas a un periodista, Antonio García Ferreras». Y le pareció un tiro al corazón «que no merece ni juzgarse».

Santiago Segurola no se tiene por un gran reportero. «Soy miedoso y me falta energía». Pero reconoce a los que sí lo son como «José Miguélez, Gerardo Riquelme o Luis Martín, a esos no los vas a encontrar en la Red». Y entonces repasa la historia más próxima, la que se denuncia desde primera hora: «Internet ha hecho muchos favores, pero ha generado un problema para los periodistas: les hace el trabajo y la mayoría se sienten confortablemente en sus aguas».

La fotografía castiga las redacciones. Antes de empezar a escribir, los redactores manejan tanta información que no buscan. Clasifican, seleccionan..., cualquier cosa antes de salir a la calle. «El periodismo se ha hecho más cómodo», insiste Paco García Caridad, director de *RadioMarca*. «Es verdad que los periodistas ya no salen tanto como antes, pero ¿acaso se utiliza el teléfono tanto como se debería?». El diagnóstico, sin embargo, no se declara el más esperanzador: «Ahora, la mayoría escribimos sobre lo mismo», explica Segurola. «Utilizamos las mismas fuentes y, aunque no nos lo parezca, el lector se da cuenta de todo, de la información que se busca en la calle y de la que no».

Por eso hay días en los que el periodismo pasa a comisaría. O, al menos, a la defensiva en una época en la que Francesc Aguilar no pretende abusar de la nostalgia. Sí se pregunta «¿qué fue de aquellos años en los que los periódicos tenían 82 o 86 páginas fácilmente? Pero, claro, ahora el papel está tan caro que te debes partir la cara por un breve». Y eso vuelve a llenar de impaciencia a Alejandro Delmás, que sólo regresa al pasado cuando escucha a Relaño en el *As* antes de viajar a un Grand Slam de tenis. Entonces le dice, «prefiero que entrevistes a Bjön Borg en vez de Robin Soderling», porque le está diciendo «prefiero lo diferente o lo que hará menos gente». Y se ilusiona, o trata de ilusionarse. El caso es que Delmás también viaja hasta Estados Unidos para subir la moral de las tropas y recordar que «en plena *era google*, *Sports Illustrated* ha ganado un 11% de lectores, porque se preocupa por buscar historias diferentes». Aquello le dio para construir un monólogo que terminó él mismo con una pregunta salvaje: «¿Por qué aquí ha de ser diferente?».

5. Periodismo o nada

El pasado acepta a los atrevidos. «Siendo el peor cocinero del mundo, he escrito mucho de gastronomía», explica John Carlin, al otro lado del teléfono, desde su domicilio de

Sitges, en Barcelona. Inmenso periodista, con una biografía que pesa como una losa, ha sido corresponsal *The Independent* en México, Centroamérica, Sudáfrica o Estados Unidos. En todos estos años sólo se ha puesto una limitación, «el mundo de las finanzas». La realidad actual es que John Carlin igual hace una columna de fútbol para *El País* que cubre las elecciones presidenciales de Estados Unidos. Y, además, participa de este debate acerca del periodismo escrito. «Si los redactores se dedican sólo a seleccionar la información que procede de Internet, un poco mejor que los demás, es evidente que esta profesión no tiene futuro».

Ladislao Moñino, desde la redacción de *Público*, ni se lo plantea. «No, claro que no; en Internet sólo está la primera piedra. Para mí, es como una agencia de noticias». Pero García Caridad sabe que no todos son como Moñino con lo que el debate regresa a su kilómetro cero. Y Caridad se queja de que «ahora creemos que todo está en Google o en la Wikipedia, y no es así: Internet sólo es un adjetivo. Los sustantivos son las fuentes, que son las que tienen nombre y apellidos y que fue lo que no hace mucho tiempo permitió a *Marca* demostrar que un ex presidente del Real Madrid había infiltrado comisarios falsos en una Asamblea y provocar su dimisión».

Pero eso no sólo forma parte del periodismo, sino de la manera de ser de cada uno. Y en ese sentido Caridad ha jugado con ventaja toda la vida. Fue un muchacho leal, casi enérgico con lo que quería. En la primavera de 1975 le contestó a su padre, «Periodismo o nada». El padre le había propuesto estudiar Derecho si en la Universidad de Ciencias de la Información no conseguía plaza. Su vocación era tan gigantesca que «el primer año de la facultad ya encontré trabajo en el gabinete de prensa de la Junta de Energía Nuclear».

Criado en otra generación, Moñino se adapta a ese retrato. También fue un joven con iniciativa, que seguramente tenía más desordenada la habitación que el cerebro. «Acabado Periodismo, empecé a estudiar portugués para irme a vivir a

Brasil dos o tres años. Me gustaba ese fútbol. Tenía demasiados ídolos y quería conocer como era aquello». Antes de marchar, solucionó lo importante. «Había encontrado un trabajo como ojeador de una empresa de representación de futbolistas y el *As* me había aceptado como corresponsal». Pero cuando sólo le faltaba el billete, le llamaron para quedarse en Madrid. «Fue una decisión costosa. Era poco dinero y empezar de cero». Pero por esa misma forma de ser, que le tuvo con un pie en Río de Janeiro, ahora no se resigna al periodismo previsible. «Desde el primer día que entré en el *As*, lo vi claro, tenía que ser receptivo, aprendí de editores como Sotillo a ser respetuoso con los textos; aprendí del mismo Relaño, lo vi y me dije "este hombre tiene un periódico metido en la cabeza", y sobre todo me gustaba su capacidad para sacar punta a todo. Y si me gustaba tanto, ¿cómo no iba a intentar ser así?». Ahora está en *Público*, donde ve a Miguélez: «Para mí, cierra el círculo. Lo conocí en la calle y, ya entonces, tenía todas las facetas del periodismo dominado. Y, sobre todo, me gusta cuando hace entrevistas. En eso marca diferencias».

Por eso, y ni siquiera en esos días, en los que hay poco espacio para deportes, Moñino se resigna a tardes de cafés o dedos detenidos en la redacción. Podría hacerlo, «pero entonces dejaría de ser periodista». Y en el caso de Carlos Arribas, sucede lo mismo. Y reivindica algo más que un compromiso con una profesión que califica de dura. «No conozco otras, pero ésta, desde luego, lo es». Es más, a cada pregunta que le hago, Arribas insistirá en lo que significa este oficio y, más que eso, no dejará de vigilar el móvil. Un retrato valiente y supongo, o quiero suponer, que toda esa inquietud también será periodismo y no procederá sólo de su sistema nervioso. Y al rato me hace partícipe de sus miedos, porque «el periodismo es algo más que contar en Twitter lo que está pasando». Y baja a la calle, sin necesidad de pisar la acera, «porque allí una persona puede ver que a alguien le ha dado un infarto y contarlo, pero el periodista es el único que luego puede ir a la policía a preguntar quién era esa persona, qué le ha pasado, y enterarse de más cosas».

6. Noches de boda

Aún hay noches de boda en el periodismo. Aún queda gente como John Carlin, que ha logrado un prestigio infinito y que se rebela sin complejos ante la nueva amenaza: «Creo en ese tipo de periodista que sale a buscar historias y son ellos los que ven, escuchan, vuelven, seleccionan lo que vale y lo que no. Y luego son capaces de contárselo al lector y de arrastrarle, sin que se dé cuenta, durante esos tres o cuatro minutos de su vida que van a dedicar a ese reportaje». Y, en el caso del deporte, esas historias se pueden contar con sentido del humor. Nada que ver con los reportajes que ha escrito Carlin sobre la malaria en Tanzania o desde una cárcel de Sierra Leona en la que el drama destroza a la épica. Y por eso envidia el privilegio de esas gentes «como Diego Torres o Pepe Sámano», que escriben en *El País*, «siempre de deportes y, maravillosamente, bien, por cierto».

Luis Villarejo también escribe. En su caso, en la Agencia EFE, donde no sólo es capaz de buscar. También de encontrar historias que no pasan de moda. Se trata, en definitiva, de un orgulloso periodista de agencia acostumbrado siempre a escribir a toda velocidad. «Los clientes de EFE deben tener la crónica del partido medio minuto antes de que el árbitro pite el final». Y podría dejarse llevar y hasta convertirse en un funcionario de la materia. Y, si respetase los tiempos, lo más probable es que nadie le dijese nada. Pero entonces no se respetaría a sí mismo. Por eso no se cansa de buscar historias humanas, que marcarán la diferencia entre su crónica y la de los demás.

«Ahora, por ejemplo, acabo de terminar la biografía de Frank Lampard. Leyéndola descubres cosas que luego te las explicas al ver un Barça-Chelsea y observas el comportamiento de Lampard en el césped. Te enteras de que, a los 17 años, limpiaba las botas de los jugadores del primer equipo; que una vez a la semana fregaba el gimnasio del West Ham; que su padre también jugó profesionalmente al fútbol o que Bobby Moore tomaba el té en su casa».

Pero quizá ese sea el problema. «El buen periodismo tiene un coste», denuncia Elías Israel que, antes de inaugurar *sport-you.es*, dirigió *Marca* (2001-05), donde fue un hombre muy competitivo. «Aquello era como jugar con Brasil. Había que ganar siempre». Y no lo olvidó nunca. «El periódico tenía que ser de calidad y sin colores para estar a la altura de la historia». Y creó suplementos, «como el de los domingos», y fichó a gente «como Miguélez o Villarejo, que le dieron un valor añadido a todo eso». Pero era otra época y, seguramente, más habilidosa y con más derechos. Aún no había llegado la crisis y el papel no sentía amenazas externas. Hoy, han pasado seis años, pero parece que han sido doscientos para el periodismo.

Alejandro Delmás tenía entonces un margen que ya no tiene en *As*. Fue en 2006 cuando hizo el que dice que ha sido su mejor reportaje. «Costó lo indecible. Fue con Joe Frazier en su viejo gimnasio de Filadelfia. Allí encontré un hombre con doce o trece hijos, que, treinta años después, ya no era ni rastro del campeón mundial de boxeo que fue». Salió, efectivamente, un relato maravilloso, en el que Frazier seguía pensando que él nunca perdió con Ali y le habló, como si fuese hoy, de Luther King, de la fuerza de la paz. Y toda esa escritura, que fascinó entonces, perdió derechos. Desde gerencia, ya no se aprueban viajes así, y Delmás no sólo lo sabe. También lo vive. Y la realidad se enfada, claro, porque el periodismo ya no sólo depende de los más valientes.

7. Cultura de hincha

Sin ser un hombre de investigación, Santiago Segurola conoce esas fidelidades. De otra manera, pero las conoce. En su infancia aprendió a admirar el oficio, «a todos esos periodistas de deportes de *El Correo*: José Ramón Basterra, Tutor Larrea, José María Mújika...». Y un poco más tarde a Patxo Unzueta, «cronista del Athletic de las dos ligas» que Segurola vivió en la grada de San Mamés. Tenía 26 años y se acuerda «de la electricidad que provocó aquel equipo» en una época, «sin tanto dinero y más vinculada al hincha». De niño, había jugado al fútbol en las calles de Barakaldo «y lo hacía bien, era técnico», pero nunca sintió «la voluntad real de ser futbolista».

Quizá influyó la desgracia de Javier Clemente, que le resultó muy próxima y que, por una grave lesión, no llegó a jugar más de 40 partidos con el Athletic. «Vivía enfrente del colegio Lasalle, donde estudiaba mi hermano, y venía a mi barrio a buscar a su novia». El análisis, en cualquier caso, saciaba al joven Segurola. «Yo era capaz de ir a ver a jugar a Manu Sarabia, que es de mi edad, a un equipo de Sestao, el San Pedro, y veía que era algo más que un gran jugador. Era una estrella». Y todo eso le generó una opinión propia, que posiblemente es la que le ha convertido en un cronista tan exitoso: «he querido ser siempre yo».

Su choque es frontal con lo que pasa ahora. «Cuando te enteras de que 140 millones del presupuesto del Madrid vienen de las televisiones y otros 140 de la publicidad te das cuenta de que esto es un negocio». Y, claro, una cosa es sentir a un equipo; otra obedecerlo. Segurola tiene la cultura del hincha a secas, la de las cabezas que piensan por sí mismas. Sin embargo, ahora, y antes de quedarse a solas con el lector, el periodismo debe librar bastantes controles. Elías Israel recuerda su época como director de *Marca*: «había muchas presiones y la única forma de compensarlos era acercarte lo más posible a la verdad». Quizá porque esta vida tiene que ser así y no se concibe de otra forma.

Por eso Miguélez jamás olvidará el periodismo de investigación que hizo con Abellán en *El Tirachinas* (en la COPE), aquel programa que amanecía cada noche con la sintonía del *Concierto de Aranjuez*. «Aquel hombre era una auténtica máquina. Además te daba máxima libertad». El precio, sin embargo, fue alto. Abellán conoció, en la investigación del ex presidente del Real Madrid Ramón Calderón, el 70 % de los Juzgados de Instrucción de Madrid. Por eso el periodismo es un ejercicio duro, que reconoce a gente como Miguélez, que en *El País*, años noventa, fue un tipo valiente. Ahora ya no está en la calle, pero todavía quedan rastros de sus incómodas preguntas en el escenario. «Si veo o escucho la rueda de prensa en directo, puedo mandar un mensaje al redactor de mi periódico, que está ahí, para que haga esa pregunta».

Y, básicamente, el periodismo de hoy es esto, expuesto también a la enorme impaciencia de las rotativas en los cierres. Entonces ya se sabe que existen montañas de prisas que, a menudo, son más grandes que las capitales de provincias. Y, puestos a elegir, la rapidez importa más que la calidad. Y también se sabe que casi nada es lo que fue. David Espinar, antiguo periodista de COPE o *Marca*, se acuerda de entrevistar a Cruyff en los 90 hasta en el aparcamiento. En su libreta sólo había una única condición, «la de no llamarle nunca a casa». Guardiola, sin embargo, ahora no concede ninguna entrevista. En los 70 Alfredo Relaño lograba interrogar a los protagonistas en cualquier parte y prácticamente a precio de saldo. Se ganaba la vida en los entrenamientos de Real Madrid o Atlético y recuerda que los jugadores se lo quitaban de encima cuando les pedía una entrevista: «mejor te la inventas tú», le decían sin necesidad de quedarse a su lado.

Los diálogos por sorpresa con los futbolistas, sin embargo, se retiraron del mercado. En el despacho de Relaño se sabe: desde allí, dirige a jóvenes redactores que necesitan meses de paciencia para llegar hasta donde lo hacía él sin ninguna dificultad. «También es verdad que entonces éramos tres». Y se ha llegado a un punto en el que esas conversaciones, cara a cara con el futbolista, a Relaño ya no le hacen especial ilusión. Director de *As* desde 1996, ni siquiera se declara partidario de ellas. Y justifica: «Se trata de un género difícil, que muchas veces se limita a oídos de cortesía en el ascensor». Y hace de abogado y juez. «No, yo no quiero eso, sino una complicidad con el personaje». Por eso les pide a sus redactores que sean ambiciosos, «que aspiren a que esa conversación se pueda leer en diez años». Y les pone de ejemplo a Antonio Valencia que, después del Mundial de Suiza 54, «hizo unas reflexiones del fútbol que todavía valen para hoy». Pero no son tantos los que logran esa fusión. Y por eso, para enfadarse con el resultado final, Relaño acepta la vida sin ellas. Y el periodismo, piensa, no tiene por qué arrepentirse.

Las soluciones existen siempre. Hay periódicos, la mayoría, que no han encontrado una entrevista a solas con Mourinho en toda la temporada y sobreviven. Hay historias que, si se buscan, se encuentran. El día que Miguélez me ofreció contratarme en *Público* una de las condiciones era ir, a menudo, a entrenamientos de Madrid o Atlético, pero no a poner la grabadora, sino «a buscar historias». «Ojalá pudiera ir yo», añadió. Y quizá entonces es cuando se descubre que el presente no riñe tanto con el pasado. Fue entonces cuando se inició esta maravillosa historia de amor entre el periodismo escrito y el deporte. Lo hizo con las ambiciones justas un día del siglo XIX. Los propios practicantes crearon medios de comunicación para dar noticia de sus competiciones con idea de propagar el deporte para toda clase de gentes. Y por eso, porque el amor es así, el 12 de julio de 2010 el diario *Marca*, un día después de que España ganase el Mundial de Sudáfrica, tituló que llevábamos «toda la vida esperando un día así». Y no quedó un solo ejemplar libre en los quioscos. Quizá porque la memoria, como la costumbre, aún necesita del papel.

La tropa de combate en el 23-F

El pasado tiene memoria. También recuerda viejos prejuicios en los periódicos. Ser redactor de deportes no estaba bien visto. En la antigüedad se decían cosas como que «el que vale, vale, y el que no a Deportes». «Había gentes que, cuando escribían en esta sección, lo hacían con seudónimo», recuerda Ramón Besa, «para no malgastar su prestigio». Y ahora, sin embargo, se hacen hasta cuadernillos en los que la literatura se aplica al deporte y, entre las dos, han hecho una relación que José Luis Corrochano, el periodista de la COPE, no es el único que adora. «A mí lo que me gustaría sería leer un periódico de deportes con 50 páginas como las del suplemento de deportes de *El País* de los lunes». Corrochano es un tipo de talento que, de no conocer el periodismo, posiblemente hubiese sido actor de teatro. Quizá por eso valora tanto el ingenio. «Los propios titulares te piden leer esos artículos», insiste.

Pedro J. Ramírez ya pensaba así cuando dirigía Grupo 16 y llamó a Carlos Toro, reputado compositor musical, para que «aportase la calidad de su escritura a esa sección». Francesc Aguilar también se acuerda del 23-F en *El periódico de Catalunya*. «El director, Antonio Franco, nos sacó a los de Deportes a la calle como tropa de combate». Después, sólo hizo falta que el tiempo hiciese su trabajo. «Gente que empezó en la sección, como Álex Martínez Roig, Vicente Jiménez o el mismo Antonio Franco, hoy ocupan cargos directivos», recuerda Besa, ahora redactor jefe, que reivindica la capacidad del deporte para hacerse camino: «A diferencia de otras secciones, nosotros tuvimos que ganarnos ese espacio». Y los éxitos de nuestros deportistas influyeron, claro. Porque esa es la ideología de la prensa deportiva, que funciona según los éxitos que se logran.

Sueños que ya no existen | 03

1. De Vizcaya a Guipúzcoa

Vivieron de día lo que soñaban de noche. Fue hace ya mucho tiempo, en sus ciudades del Norte. Entre sus gentes y al lado de sus casas, sus corazones se emborrachaban con goles. Goles de futbolistas que ya no existen, de los de un único escudo. Y todo eso se tradujo en fidelidades enormes para estos dos niños que Eduardo Galeano hubiese integrado entre «los miles de devotos que comparten la certeza de que somos los mejores, todos los árbitros están vendidos y todos los rivales son tramposos». Pero un día descubrieron que jugaban mejor con la palabra que con la pelota y se hicieron periodistas y pasaron a narrar a quienes adoraban. Y, aunque esos sean los únicos momentos de su vida en los que le ocurre, Santiago Segurola se olvida de aquella tarde en la que pasó un miedo terrible. Enrique Marín, no. Jugaba su equipo, pero no. Era el último partido de la Liga 83-84 y la Real Sociedad igualó con gol de Uralde en San Mamés. Y hasta que volvió Liceranzu, con su cabezazo final, el Athletic sintió que se quedaba sin esa Liga, la segunda de Clemente. «El gol no lo habían celebrado ni los aficionados de la Real Sociedad», recuerda Segurola, hincha impenitente del Athletic. Lo resumía todo: la niñez en Barakaldo, tardes en la General, *El Correo* entre las manos y la lectura de Patxo Unzueta. Y soñaba, claro, con lo que no era y quería ser: periodista deportivo.

Enrique Marín, también. Sólo que ese niño era de Luís de Andia y de toda la épica que narraba en *El Diario Vasco*. Escritor, novelista y hasta autor de una obra de teatro, aquel hombre comprendía periodismo y literatura en un solo corazón. Y se sumó a lo inolvidable con crónicas como esa de El Molinón, año

81, gol de Zamora, último minuto y título de Liga. El impacto fue formidable para Marín. Incapaz de prescindir de ese sentimiento, vivía en San Sebastián. Muy próximo al viejo estadio de Atocha, al río Urumea, a los días de lluvia. Al abordaje de una tradición familiar, única y responsable, era de la Real Sociedad. «Mi abuela ya había ido pidiendo dinero por las casas para bordar la primera bandera del club».

Enrique Marín entonces era un hincha, como Segurola en San Mamés esa tarde que Liceranzu eligió para pisar área. Todo eso animó su instinto, su futuro poder de reacción como cronista. Tenía 26 años y ya era un tipo cerebral. Había descubierto lo que significaba escribir («es como amueblar la cabeza») y dio su consentimiento a esa vida. A Marín le cogió de adolescente en las gradas de Atocha, sujetadas por esas viejas columnas. Y no sólo era la literatura de Luís de Andia. Era también la de Erostarbe en *Marca* y la presunción de que no existía vida mejor. «El día que entré en *El Diario Vasco* estábamos doce o catorce becarios», recuerda. «Cuando preguntaron quién quería ir a Deportes, el único que levantó la mano fui yo». Y Marín llegó hasta las últimas ramas que quedaban de aquella Real Sociedad, a su última final de Copa, la de Zaragoza ante el Atlético (86-87). «Tuve tiempo de entrevistar a Zamora», memoriza.

De eso han pasado 25 años en los que el recuerdo no se retira. El cielo sí se alejó. Los de ayer no son los de hoy. El barrio, en el que habitan Real Sociedad o Athletic, ya no es una pradera. Se convirtieron en perdedores asiduos. Enrique Marín no volvió a ver más a la Real en una semifinal de Copa de Europa, aquella tan injusta frente al Hamburgo que recordaba el día en el que despidió a Ormaetxea, el entrenador de todo eso. Para entonces, ya era periodista en Madrid, en la capital, en el siguiente paso. Santiago Segurola también estaba. Había llegado varios años antes. Trabajaba en *El Correo*. De primeras hizo sucesos. Muy pronto, Patxo Unzueta descubrió posibilidades mejores para él y le ofreció pasar a *El País*, a escribir del Athletic. «Había leído algo mío y le gustó». Después, vino el traslado a Madrid y la hoja de ruta de Alfredo Relaño. «Aprendí de él a hacerlo lo mejor que sabía, a tener algo más que respeto por el lector». Enrique Marín, sin embargo, escuchó al director Luís Infante cuando llegó: «Recuerdo que decía que si todos tenemos la misma merluza, el único que triunfará es el que mejor sepa cocinarla». Todo eso sucedió en un escenario mítico, la calle Recoletos, en la que se situaba el viejo *Marca*, que entonces se sentía huérfano. Una rama de sus periodistas emigró a *Claro*, un diario de nueva creación que duró un segundo. Jóven y esperanzado, apareció Marín para anular urgencias. Y descubrió una afinidad entre el *Marca*, «que nació en San Sebastián», y su ciudad, donde sólo se quedó la bufanda. No así el corazón que, en su caso, delata algo más que un sentimiento. «Mis hijos también son socios de la Real».

Marín comenzó en *Marca*. Enseguida aceptó el deseo y la importancia. A los pocos meses, viajaba con la Real Sociedad, realizaba todas sus crónicas, pero no llegaba hasta Hamburgo. A los pocos años, ya era redactor jefe en un diario que aún recuerda «con una estructura pequeña». Y allí se fortaleció su perfil. Conoció la magia de los titulares. Creó una habilidad especial, que hizo familia. Y destacó con una prosa que no se quedaba con nada de lo que quería decir. «Yo hablaba mucho con Valdano, al que también le encantaba escribir. Y un día, hablando con él, me di cuenta de que hacía lo que yo. Primero, plasmaba las ideas en un boceto y, después, las esculpía para diferenciar el grano de la paja». Y, como Marín pasó pronto «a la cocina del periódico», aprendió a trabajar la inspiración y todas sus cosas. «Se trata de presentar el producto, de buscar enfoques, de hablar con los maquetadores», de días sin horas, en fin.

Segurola, sin embargo, no aceptó esa batalla en *El País*. El día que le nombraron redactor jefe recordó lo que era. «Nunca he sido un fanático de las redacciones». Años después, no necesita juez, el juez es él. «No, no he sido un redactor jefe al uso. Por eso una de las condiciones, que puse, fue la de estar poco tiempo en el periódico para poder escribir porque, de lo contrario, hubiese dejado de hacerlo». En la lejanía, sin embargo, ha sido un tipo feliz. No madruga («antes de las nueve o diez de la mañana, nada»), ve fútbol todos los días y lee muchísimo. Se organiza sus propios días y, cree, no desorganiza a los demás. Apela a las afinidades invisibles de la vida, las que nos hacen mejores y no peores. Y matiza: «A veces, estaba, claro, pero, sobre todo, me valía de una idea global de la sección, de su espíritu de solidaridad, sin egos, y de elegir bien a la gente». Y, además, destruye prejuicios: «Yo propuse para *El País* a Luís Martín que, en teoría, no tenía el perfil. Llevaba veintitantos años escribiendo en *Sport* y, sinceramente, es el mejor reportero que he conocido nunca».

2. Twitter y la vieja escuela

Hoy, sin embargo, la vida ha cambiado de veras: Marín dejó *Marca* después de catorce años. Segurola también abandonó *El País*. De hecho, ahora es director adjunto en *Marca*. Allí, sus valores tampoco entran en crisis. Acepta el retrato de un hombre tranquilo («siempre me desplazo en transporte público, no tengo carnet de conducir»), que no desea un cargo de responsabilidad. «No valgo para director». En sus días no sobra la soledad: «Nunca he hecho vida social en el periodismo», recuerda. «Siempre he estado más bien solo».

Todo lo contrario que Enrique Marín, cuyo hábitat continúa en la redacción, con sus horas de quirófano. Allí busca una razón de ser para cada página. Su experiencia entonces le diferencia. «Yo pasé por todas las secciones en *Marca* y viví verdaderas aventuras como la organización de los Juegos de Sidney 2000». Cuando dejó *Marca*, se integró en *As*. También como redactor jefe. Pero quizá allí se sintió extraño. «O, al menos, me costó adaptarme, y eso que yo no tengo una idea competitiva de los lectores, porque creo que son para todos, lo fundamental es no perderlos». Dos años después, apareció Miguélez. «Cuando nos despedimos en *Marca* dijimos que algún día volveríamos a trabajar juntos». La idea era novedosa en *Público*, de las que sólo se dan una vez en la vida. «Diecisiete años después de dejar San Sebastián, me enfrenté a un reto único como era el de fundar un periódico». Aún se pregunta cómo pudieron empezar de cero. «Máxime en una época de crisis en la que no podías expandirte innecesariamente y necesitabas vivir mucho de la imaginación o del enfoque».

Son los nuevos tiempos, en los que el periodismo escrito ha encontrado soportes más rápidos que el papel. Y Marín, que se ha aficionado a Twitter, trata de mantener ese ingenio suyo que, durante catorce años, provocó tanta portada de *Marca*. Y se acuerda siempre «de periodistas de la vieja escuela, de la cultura del esfuerzo» y de todo lo que aprendió de «Alberto Polo, un maestro en el arte de titular». Y no, no había manera de vivir en paz. «Sí, porque había que moverse más, levantarse mucho de la silla, hacer guardias de horas en el Bernabeu o ir al aeropuerto a recibir jugadores». Y su memoria retrocede a aquella vez en la que fue a Barajas a recibir a Karpin, que venía del Spartak de Moscú a la Real Sociedad. «Tuve que llevarle en mi coche al hotel y recuerdo que su equipaje no entraba en el maletero». Y hoy esas escenas serían impensables. «En realidad, la materia prima», insiste Marín, «sigue siendo la misma: la información». A Segurola sólo le preocupa lo que pasa: «Se trata de buscar la historia y desarrollarla con clase para satisfacer al que se gasta un euro en comprar el periódico. Pero no todos los días hay una. Y, a veces, se terminan por forzar tanto las historias que, al final, resultan falsas».

Quizá sea el precio de la urgencia o de una época en la que Marín no se asusta por la pegada de Internet. «Al contrario. Yo sé que voy a pasar formándome toda mi vida y, ¿por qué no? Mañana me puedo ver escribiendo en un diario digital. Sé que entonces deberé ser más conciso y que, tal vez, deberé prescindir de la forma». Pero lo aceptará. Y, sin necesidad de regresar otra vez a Atocha, atenderá a un pasado más próximo en el que Arconada, Satrustegui u Olaizola, toda esa gente, ya se había retirado del fútbol. «Recuerdo cuando en los periódicos se empezó a trabajar con ordenadores. Y entre nosotros mismos, se veía como algo tan moderno que parecía que eran los ingenieros quienes hacían los periódicos».

Eran tiempos en los que Segurola escuchaba a Relaño, su jefe en *El País*. «Se refería siempre al placer de comprar un periódico; conseguirlo, decía, era cosa nuestra, pues el lector lo nota todo». Aun en estos tiempos tan difíciles, se niega a dejar de soñar. «Sin sueños, estaría muerto». Por eso memoriza tantas veces San Mamés, su niñez de la mano de su padre en la General, donde las tormentas no avisaban y los dos, padre e hijo, se calaban de agua. Jugaban Lavin, Rojo o Estéfano. Gente de la que luego leía en *El Correo*. Al lado de ese periódico, aprendió a valorar el deseo.

Después, se admitió a sí mismo. «Admiro lo que no soy capaz de hacer». Y no piensen en él como entrevistador. «Me gustan las conversaciones, pero respeto demasiado al personaje. Soy miedoso». Y, al recordarle aquella entrevista que hizo a Maradona, cuando jugaba en el Sevilla, memoriza: «Sí, fue con Maruja Torres». Y se pregunta: «¿Estaba bien?». Luego, le designaron redactor jefe y quiere pensar que reconoció los méritos de los demás. Y como pudo pasar en ese maravilloso Athletic de Clemente, cree que «todo el mundo, que lo merecía, llegó». Y Segurola no recuerda «ningún caso aparte» en esta profesión que Enrique Marín soñó, para él, el primer día que pisó Atocha. «Sí, fue con mi padre en un partido ante el Granada...». Y luego ya sólo fue el tiempo el que le convenció de la sincera diferencia entre hincha y periodista.

Los hijos del periodismo |04

1. En algún lugar del mundo

En el país de la niñez, el padre no estaba en casa. En ese país, en el que no faltan los motivos, Juanma nunca preguntó por su padre. «Yo sabía que los sábados tenía que trabajar y que los domingos, después de comer, se marchaba para preparar *Estudio Estadio*». Juanma es el hijo mayor de José Ángel de la Casa, el hombre que retransmitió 240 partidos de la selección española. Su voz duró una eternidad. Arrancó en la transición, con Miguel Ángel en la portería, y terminó con Iker Casillas, patria de la modernidad.

Fue un gigantesco desafío que aceptó con tanta naturalidad que nadie lo partió por la mitad. Sus hijos fueron los primeros en tolerar esas ausencias con disciplina militar. Su padre casi siempre estaba en algún lugar del mundo mientras ellos preparaban los exámenes finales. José Ángel acepta que hubo años en los que durmió «más veces en la habitación de un hotel que en casa». Viaja a esos años pares, en los que había Eurocopa y Juegos Olímpicos, y superaba «las 200 noches en el extranjero». Un día, siendo muy niño, Juanma preguntó por qué su padre no era como los demás. Al siguiente, ya tenía la solución. «Yo quiero ser como él». El destino autorizó ese otro día en el que Javi, nueve años menor, despertó diciendo, «yo también seré periodista».

Entonces fue cuando el padre les recordó, «vosotros me habéis conocido bien situado, pero debéis saber que el periodismo no es así». Se encontró entonces con dos jóvenes primaverales que expresaron su vocación con los brazos en alto. Al fondo quedaba la infancia, esos Juegos de

Barcelona 92 o ese Mundial de Estados Unidos 94 al que Juanma viajó con su padre. Se alojó, como un pasajero más, en el Indian Lakes Resort junto a la selección española. «Bajaba a desayunar y me encontraba en la cafetería a futbolistas: Jose Mari Bakero, Fernando Hierro, Julio Salinas...». Sintió el impacto con claridad. Conoció a Míchel, todavía futbolista, vestido de civil o a periodistas importantes, que situaron sus sueños. «Vi como se hacía radio, *El Larguero*, *Radio Gaceta*, *Supergarcía*...». Volvió a Madrid y volvieron los viejos hábitos, todas esas ausencias, todos esos días sin domesticar. Pero Juanma ya tenía prisa por ser periodista. Javi, también. Se hacía mayor y vivía la misma ausencia, pero no había celos ni tinieblas por las noches. «¿Mi padre? ¡Pues trabajando!».

José Ángel de la Casa era un hombre discreto y un exitoso periodista. Un ejemplo, quizá lo más importante, para sus hijos que, a menudo, le escuchaban hablar de las anomalías de una profesión «en la que ni siquiera se pueden planificar unas vacaciones». Volvía de madrugada a casa los domingos, sin posibilidad de que nadie le diese la bienvenida. A la mañana siguiente, insistía a sus hijos, de nuevo. «¿Acaso es esto lo que queréis para vosotros?». Y empleaba la retórica, incluso. «En realidad, este trabajo es como un sacerdocio». Los jóvenes, sin embargo, veneraban la imagen del padre, que prefería el dinero más honrado.

En el año 1990 lo demostró. «Pude fichar por Canal Plus y cuadruplicar lo que cobraba». Alfredo Relaño le hizo la oferta en Roma el día de la final del Mundial de Italia entre Argentina y Alemania. Pero José Ángel desistió. «Entonces no hubiese hecho los Juegos de Barcelona 92». Tampoco era la primera vez que escuchaba a la conciencia. «En 1987 ya pude fichar por la Cadena SER». Pero tal vez la vocación sea esa resistencia a hacerse más rico. «El dinero no lo es todo». Por eso avanzó hasta el final en el periodismo. Quizá en otra profesión, acepta, hubiese tardado más en envejecer. Quizá su dieta hubiese sido más casera y pacífica. Su teléfono, menos ruidoso. Y todas esas tardes de campo con los niños. Pero un día se adaptó al dictado de esta vida y de todas esas noches de insomnio que tallaron ojeras bajo sus pestañas, retrato de un periodista fiel.

Cuando José Ángel de la Casa aterrizó en el periodismo era diferente: lo desconocía todo. Sus hijos sí lo sabían. Sabían cómo eran las cabinas del Bernabéu. Sabían como era la épica del atletismo en el desaparecido estadio de Vallerhermoso en el que, después de 122 triunfos consecutivos en la prueba de 400 metros vallas, fue derrotado Edwin Moses por Danny Harris en 1987. Y en el caso de Juanma, el pequeño, heredó esa bellísima pasión por el atletismo del padre, campeón de Castilla-La Mancha en salto de longitud en el pasado. Sabían, en definitiva, lo que no sabía el padre cuando empezó.

José Ángel perteneció a otra época. Su licenciatura procede «de la última generación de la Escuela de Periodismo».En clase, estudió francés y se hizo periodista por esas cosas que pasan. «Tenía un amigo, cuyo padre era conserje en el Club Internacional de la Prensa de Madrid, y me decía que esta profesión era muy bonita». Sus hijos interpretaban otros tiempos. Estudiaron en una universidad privada, la Francisco de Victoria. A los 19 años, Juanma se convertía en un hombre de radio y realizaba sus primeras prácticas de verano en el *Carrusel* de la Cadena SER. El padre, sin embargo, tenía 24 la primera vez que apareció en los estudios de Prado del Rey para trabajar en Radio Nacional de España (RNE). Decidió con rapidez. Se postuló como un entendido de atletismo. «Tuve un entrenador que no sólo se preocupó de que mejorásemos las marcas sino que, además, trató de enseñarnos la historia del atletismo». Luego, llegó ese día en el que pasó a narrar fútbol en televisión. Aceptó y no se asustó. Todo empezó en un partido de aniversario entre el Real Madrid y la selección argentina. 30 años después, la voz de José Ángel de la Casa explica una larga época.

2. Baja para animarles

Sus hijos no habían nacido cuando viajó al Mundial de Argentina 78. Vivió el primer partido España-Austria «en el mismo banquillo de los jugadores». La relación era de lo más primaria. El pasado tiene memoria. «Me acuerdo de jugar al futbolín con ellos en la concentración de La Martona en Buenos Aires». Aquel periodismo era así, impensable ahora. «Yo llegué a ir en el mismo autocar que la selección española de balonmano en el Mundial de Dinamarca». También se acuerda «de ir a comprarles resina para las manos». En los Juegos Olímpicos de Moscú 80 bajó a la pista de calentamiento a animar a José Luís González y a Domingo Ramón. «El delegado de la selección me pidió que lo hiciese porque los veía muy decaídos y, en el caso de Domingo Ramón, fue cuarto en los 3.000 obstáculos y batió el récord de España, cuya vigencia duró 19 años». Sus hijos, periodistas de los pies a la cabeza, le escuchan con más atención que nadie.

De la Casa va más allá y recuerda ese día en el que le preguntó al director de *Hola* que debería hacer Butragueño para ser portada en su revista. «Casarse con una infanta», le dijo. Y hoy no sabe lo que le contestaría, pero sí sabe que «los futbolistas han ocupado el sitio que antes sólo estaba reservado a los actores o a los cantantes». Así que esta profesión cambió de hábitos, sola y sin pedir permiso. Acabó con la sencillez de otras épocas.

En ese marco, De la Casa fue fiel a lo que pensaba. Aprendió de mucha gente y, sobre todo, de Matías Prats o Fernández Abajo, el precursor de la *moviola* (la repetición de las jugadas polémicas) en televisión. «Aquel hombre me daba honestidad, sentido de la responsabilidad», recuerda. Narró más de 1.000 partidos de fútbol. Casi sin querer, introdujo la figura del comentarista cuando le pidió a Miguel Muñoz que le acompañase en la retransmisión del Madrid-Liverpool en la final de Copa de Europa de 1981. A menudo, De la Casa decía «insiste Madrid» lo que hizo suponer que era madridista, pero siempre marcó la distancia. «Yo nunca dije a nadie de que equipo era». Por eso la pregunta sobra ahora, después de la retirada. «Ahora, parece que es obligatorio decir de que equipo eres», sigue rebatiendo. Y entonces se acuerda de Del Bosque cuando era entrenador del Real Madrid. Una vez se quejó de la dureza de Míchel como comentarista. «Parece mentira que haya jugado en el Madrid», protestó. Y De la Casa le contestó: «Es que él no está aquí en representación del Real Madrid, ya no trabaja para el Real Madrid».

El 28 de marzo de 2007, cuando retransmitió su último partido con la selección española, se despidió una época. Atras quedaron 240 partidos que no cambiaron su manera de pensar. «Yo siempre digo que los cambiaría por haber podido jugar cinco minutos con la *roja*». Y no se emocionó. Volvió a pasar lo de siempre. El hombre académico no rompió filas. «Soy bastante frío». Sus hijos también le escucharon decir «hasta siempre» antes de ordenar sus sentimientos. Era la última vez o la que no volvería más veces. «Los jugadores me regalaron una camiseta firmada por todos, pero había algunos que ni me conocían». Tres décadas antes, cuando viajó al Mundial de Argentina 78, sólo le faltó el chándal de la selección. Tenía 27 años, viajaba de tercer comentarista y los futbolistas le daban una libertad que a sus hijos les parece ciencia ficción. Trabajaba para Radio Nacional de España (RNE). «Si le decías a un jugador que lo necesitabas para entrar en antena, no tardaba más de diez minutos en llegar. Ahora, sin embargo, tú no decides a quien entrevistas, son los encargados de prensa los que señalan quién habla cada día, es una pena...».

Sus hijos lo saben porque lo viven. Igual que el padre, no han nacido para perder y también saben que la felicidad no es hacer lo que uno quiere, sino querer lo que uno hace. Pero pertenecen a otra época, claro. José Ángel empezó su carrera periodística en el mismo lugar que la terminó. Juanma ya no podrá decir eso. Antes de llegar a Canal Plus, donde narra los partidos de la Liga Adelante, pasó por la SER, Sportmanía y tres meses en Antena 3. «A los 19 años», recuerda, «ya hice las pre-escuchas del *Carrusel* de la Cadena SER durante todos los fines de semana». Javi, el menor, vive todavía en la casa familiar de Las Rozas. A pesar de ser tan joven ya tiene tres mundiales de atletismo a sus espaldas. Trabaja en Radio Marca, donde cubre la información del Getafe. El ambiente tiene la paz de la periferia. Sólo acaba de empezar, pero jamás olvida el origen de todo: el periodista que fue su padre, el hombre que siempre estaba en algún lugar del mundo.

3. Despierta sin prisa

Hoy, ese hombre ya tiene más arrugas en la frente, pero se mantiene de cuerpo entero y, a pesar de todo, no cambiaría nada del pasado. «Si volviese a nacer, sería periodista deportivo». Tuvo motivos para apartarse para siempre de la profesión y no lo hizo. Vivió un Expediente de Regulación de Empleo en TVE que lo prejubiló sin querer. Al principio, le costó volver al fútbol. «Las sensaciones eran extrañas». Un día derrotó a la nostalgia y se dio cuenta de que ya no «añoraba nada». Admitió que su época «ya pasó».

Necesitó de la iniciativa, porque en los 70 tampoco era fácil. «Me acuerdo cuando jugaba en el Talavera de Tercera División y luego hacía prácticas en verano». Hoy, sólo son recuerdos de un hombre que ha dejado la gran ciudad y que ya no necesita tener prisa. Vive casi siempre en la casa del pueblo, Los Cerralbos de Toledo, donde es el que quiso ser. «Hago horas de campo en mi huerto, despierto sin exigencias y hasta he probado con el golf; pero atletismo, no, ya no hago atletismo: no me vería».

Pero en este tránsito todavía presta atención al periodismo, un fenómeno sin cura. Ahora, retransmite los partidos de la Champions League en la Televisión de Castilla-La Mancha, la cadena de su tierra. «Es como un apéndice en mi vida». Lo hace desde un estudio, sin necesidad de viajes ni aeropuertos («sólo pensarlo me daría pereza») que ya quedan para sus hijos, la mayoría de fines de semana fuera. En eso no ha cambiado la vida. Los domingos casi nunca coinciden, «porque ahora los que viajan son ellos», que son los hijos del periodismo. El padre les escucha y, a veces, les dice. Tiene que decirles, pero sin abusar, ya no hace falta. Y todavía les recuerda ese día, ese 22 de mayo de 2010, en el que volvió a una cabina del Bernabéu, y nada era lo que fue. Sólo y sin niños esta vez, para cubrir la final de la Copa de Europa entre Inter y Bayern Münich para la televisión autonómica, De la Casa se dio cuenta de la rapidez con la que nos hacemos viejos. «No podía creerlo. De las 80 personas que había, sólo reconocí a diez e inmediatamente pensé: "¡pero si sólo hace tres años que me he jubilado!"». Se dio cuenta, en fin, de que la realidad, finalmente, es lo único que no tiene remedio, y quizá por eso ahora los micrófonos son para sus hijos, la segunda parte de la cadena.

Tal y como soñaste | 05

Se trataba de construir un sueño, de ayudar al futuro. En 1987, la vida era más pacífica y no tan minoritaria. En las listas de empleo había menos periodistas. También se compensaba porque la oferta era más liviana. Y Sergio Sauca era entonces como cualquier estudiante de ahora. Cursaba quinto de periodismo. Vivió las pruebas de acceso a TVE con la angustia del que no sabe dónde buscar más. «El proceso fue demoledor». Los exámenes enseñaron gran dificultad. Primero, había que sobrevivir. Después, triunfar. Y al lado de Sauca, estaba Vicente Vallés, un muchacho de su generación, con un perfil sereno y un lenguaje inteligente, que también superó todas las cribas hasta llegar a la final. Allí volvieron a encontrarse y firmaron el contrato el mismo día. Juntos empezaron en Deportes como soñaba uno y como no soñaba el otro, que prefería el periodismo político. Pero no pasaba nada. La vocación podía esperar. Sólo había que admitir la paciencia. Ha sido así siempre para los jóvenes.

Vicente Vallés entró en acción casi al día siguiente. Viajó por toda España para hacer resúmenes de fútbol en *Estudio Estadio*, en los que su sed literaria no se daba a la fuga. Recuerda que fue «a Elche, a Málaga, a Castellón...» y que hacía falta mano de obra muy rápida. Acompañó al Madrid por el viejo continente a buscar la séptima Copa de Europa y vivió aquel 5-0 del AC Milan en San Siro o las lágrimas de Eindhoven frente al PSV en un partido en el que jamás se olvidará al portero Van Breukelen. También cubrió los Juegos Olímpicos de invierno de Calgary 1988, «en los que fui el primer periodista en la historia de TVE que retransmitió en directo una prueba de biatlón». Pero, además, se acuerda de aquellas noches, «en las que llegaba a casa a las tres de la mañana» después de presentar el programa que sucedía al telediario de la noche: Teledeporte. «Al día siguiente, sin embargo, madrugaba para ir al entrenamiento del Atlético». Parecía una crónica exigente y llena de ojeras, pero dice que no. «A esa edad, la ambición no tiene enemigos». Cada día era un nuevo descubrimiento, «en el que no sabías lo que podía pasar». Recuerda que hizo «algo de amistad con Manolo o Paolo Futre y todavía cuando nos vemos, esas pocas veces en las que coincidimos, se acuerdan». Los sellos tomaron su pasaporte en la vieja Copa de Europa y su rostro aparecía en la televisión pública, afeitado y recién maquillado. La pregunta procedía para cualquiera que se inicia: ¿acaso se podían pedir mejores cosas? Pero él seguía pensando que sí, que la vocación no tenía defensa y, antes o después, se lanzaría a por ella.

1. Terrible y demoledor

Entre Sauca y Vallés se admitía esa diferencia sustancial en aquellos años. Sauca era un periodista de Deportes vocacional. Vicente Vallés, no. En su infancia también había querido ser futbolista, pero su ambición periodística se situaba en la política. «Tarde o temprano», reconocía, «es a lo que quiero dedicarme». Venía de la Cadena SER, donde había hecho prácticas en *Hora 25* y en *Hoy por hoy* y había aprendido a ser muy cuidadoso con la palabra. Sauca procedía de los deportes de Radio España, donde había pateado mucha calle. «Yo empecé en el estadio del Parla, del Móstoles, del Plus Ultra, del Carabanchel...». Vallés, no. Él se familiarizaba con un mundo nuevo, «que resultó ser una gran escuela», pero no cambió de prioridad. A los dos años, emigraba a Telemadrid, donde ayudaba a fundar el equipo de informativos y escapaba del periodismo deportivo y, por fin, se sumergía en la vertiente política. «Las claves son distintas, pero si tienes interés previo, las aprendes enseguida».Vallés lo hizo para no engañarse. Sergio Sauca se quedó. 24 años después, continúa haciendo la misma información en TVE.

«Yo llegué al periodismo por el deporte, que era lo que más me gustaba, y esta era una manera de seguir ligado a él», explica Sauca. «De hecho, en juveniles, había probado por el Atlético de Madrid, pero no me quedé, porque, aparte del talento, no tenía el físico suficiente». Así que este hombre obedece a una vocación que tal vez sea lo más parecido al amor. Sauca presenta cada noche los deportes en el Telediario de La 1. A los 48 años, cuando revisa las imágenes del pasado, pone piel a la verdad. «El paso de los años es terrible y demoledor». Entre sus obligaciones están las de siempre, «disimular los malos momentos» con lo que no sólo triunfa él. «También los cientos de personas que trabajan detrás de cada minuto de televisión para que todo salga bien». Pero esto ya no se parece al año 1987. Entonces Sauca hacía vestuarios, después de los partidos, «y ya no era fácil», aunque no se engaña. «En los 80, se vivía más cómodo. Ahora, con todas las tecnologías, estás espiado al segundo». Y, sobre todo, se queja del YouTube, «que es como la silla eléctrica de los presentadores». Aun así, la máxima esclavitud es la audiencia. «Cada día tenemos el minuto a minuto de lo que has hecho el anterior». El diagnóstico casi siempre es el mismo. «El minuto de oro coincide con la información de Real Madrid o Barcelona».

Sergio Sauca le ha avisado a su hijo, que ha empezado a estudiar periodismo, lo que es esto. «Una profesión demasiado cambiante». Y sin horarios, claro. «Para preparar el telediario de la noche, yo entro a trabajar a las cuatro». Y el amor no siempre es correspondido. Sauca no olvida aquella vez «en la que teníamos pactada una entrevista con Michael Jordan y no se presentó». Tampoco otras gestiones casi inacabables que, al final, llegaron a un final feliz como «el día en el que conseguimos al tenista André Agassi cuando era número uno del mundo». El orgullo de estar «en el primer Roland Garros que ganó Nadal» o todas esas horas de avión que le permiten decir «he dado la vuelta al mundo». También ha entrevistado al Príncipe, «como símbolo del deporte» y los años no han hecho más que fortalecer su maravillosa alianza con el periodismo. El escenario ha cambiado sin cobardía en tantos años, pero la función no se termina. A veces, Sauca echa de menos el suspense de los primeros años y la prueba es que nunca más volvió a lograr una primicia como la que consiguió en su época de Radio España. «Se trataba de Álvarez Marguenda, un árbitro de Primera División al que trataron de comprar». Después, cuando ingresó en TVE, lo hizo con un radar en los ojos y aprendió, sobre todo, «de la gente que aplicaba sentido común».

2. ¿Cómo no ibas a aprender?

Vicente Vallés estaba en esa primera época. Desde muy temprano, respetó el talento. «Cuando llegamos coincidimos con Matías Prats, Ramón Trecet, De la Casa, Frederic Porta... Gente que se preparaba cada día. ¿Cómo no ibas a aprender?». Sauca dedica un rato a la nostalgia. «Era la época en la que cada voz se identificaba con un deporte en TVE». También había cronistas en *Estudio Estadio* como Juan Barro, incapaces de pasar desapercibidos. «Pero ahora ya casi no se puede, porque todo es más mediático». Aquel era un periodismo más suave y moderado. Sauca no recuerda una sola tertulia en televisión y, sin embargo, ahora lo difícil es vivir sin ellas, «quizá porque son lo más barato», señala. «Si vamos a sus audiencias son inferiores, incluso, a las de un partido de Segunda B». Pero el mundo cambió tanto que la televisión pública perdió los derechos de retransmisión de los últimos mundiales. «¿Quién me lo iba a decir a mí cuando fui de enviado especial a Italia 90?», se pregunta Sauca, el hombre que retransmite los partidos de la Champions League en TVE y que reivindica su dificultad. «Hay que decir 30 o 40 nombres cada minuto y si eso lo multiplicas por 90...». Aunque no se asusta. «Ya lo sabemos: hacer las cosas bien nunca fue fácil».

Vicente Vallés ya se lo escuchaba decir en su máxima juventud periodística y no podía estar más de acuerdo. Más de 20 años después, insiste con verdad y corazón. «Yo sigo trabajando para aprender». Pronto salió de las trincheras del periodismo para que se metiesen otros. Su fotografía rebasó varias décadas, en las que encontró lo que quería de él. No hace mucho volvió a TVE. Volvió a 1987. Habían pasado 19 años que repartió entre Telemadrid y Tele 5, en los que comprobó que el periodismo no sólo es información. «Aprendí a trabajar con culturas empresariales diferentes». Cumplió miles de sueños aquí y allí. El día en el que se celebraron 30 años de las primeras elecciones democráticas reunió en un mismo plato de televisión a Manuel Fraga, Santiago Carrillo y Alfonso Guerra en un ejercicio periodístico colosal y, fiel al suspense de esta profesión, todavía recuerda, «hasta que no llegó el último, no estábamos seguros de que pudiera hacerse». Pero los periodistas viven así sea en deportes, en nacional o en informativos: nunca se sabe qué pasará.

La biografía de Vallés es feliz. Las ilusiones de 1987 se pusieron de su parte. Hoy, es un hombre de prestigio, que cubrió las elecciones presidenciales de Estados Unidos desde 1992 y casi nunca encontró un día como los demás en una profesión que no le resulta «estresante, sino apasionante». Aún hay mañanas en los que abre los periódicos por las páginas de deportes, como símbolo de lo que fue y no dejó de ser, pero ya no se dedica a esa información. Ahora, es subdirector del Canal 24 horas de TVE, donde presenta *La noche en 24 horas* y, si la huelga de los controladores aéreos coincide con un fin de semana, no le importa. «Uno se hizo periodista para cubrir noticias así». Por eso tampoco diría que en Política los horarios son más organizados que en Deportes. Pero sí sabe que, si uno escucha a la vocación, resucita a la verdad. Y por eso ya no tiene informaciones que compartir con aquel muchacho que se llamaba Sergio Sauca y al que le hubiese encantado jugar en el Atlético de Madrid...

Tardes de domingo 06

1. Periodismo de niños

El deporte es juego y en el juego siempre pasa algo. Cada tarde de fútbol se alimenta de una diferencia, el gol, que se grita hasta enloquecer. Su centro de salud, su toque de queda, sus zapatos nuevos. Vacía las siestas de los domingos y se prolonga hasta la hora de la cena. Ayer, hoy y siempre. Ayer, era como un cuento infantil, un regreso al pasado en el que uno veía a su padre sintonizar en el viejo dial uno de esos dos programas que llenaban de voces la habitación, *Tablero* o *Carrusel*, indistintamente. Un periodismo de niños hecho por adultos. Todo era muy rápido. Los goles se interrumpían unos a otros. Y la memoria retrocede, como si fuese ayer, al gol de Zamora para la Real Sociedad, año 81, la voz de Alfonso Azuara, la invasión de campo.

Paco González y Javier Hoyos, de la generación del 66, eran dos niños entonces. Jugaban a ser periodistas, a ilusionar al futuro, a describir el gol. Socio del Athletic desde 1981, Javier Hoyos era el *reportero* más silencioso de los que se convocaban en San Mamés. Era sólo un niño que «a los siete u ocho años» se debió dar un golpe y dijo que quería ser periodista. Nunca desistió. Paco González era el menor de cinco hermanos. Un muchacho distinto que, de repente, recitaba los nombres de los periodistas de Deportes a los que escuchaba, Andrés de Sendra, Enrique Martín, Juan Manuel Gozalo, José María García... Como si fuese su alineación favorita. Y siempre pensaba que Vicente Marco, todo generosidad, llevaba razón cuando hablaba de eso que sólo decía él: el sonido inconfundible.

75

Un día de 1954, Bobby Deglané patentó la idea del *Carrusel deportivo* en la Cadena SER. Vicente Marco, durante casi tres décadas, se hizo cargo de ella. Y siempre, hasta el Mundial de España 82 cuando lo dejó, apuntó a la ilusión. Diez años después, apareció Paco González frente a ese mismo micrófono. No era el mejor momento. El presente no jugaba a favor. Compitió frente a José María García, que dominaba claramente. Pero entendió pronto que no se podía tener miedo. A su lado, estaba Pepe Domingo Castaño de animador como en el pasado habían sido Juan de Toro, Joaquín Prat o Andrés Caparrós, capaces de enlazar un penalti en San Mamés con una boquilla Targard. O sea, un maravilloso mundo que ahora pretendo que Paco González, ese niño de los 80, me ayude a descifrar en unos minutos, tal vez una hora completa.

Su biografía es una amenaza aérea, una orden de alto Estado, en este tipo de programas. Ha dirigido *Carrusel deportivo* durante 18 años en la Cadena SER y desde el final del verano de 2010 lidera *Tiempo de juego* de la COPE. Pero su génesis es la misma. Sigue llenando habitaciones vacías. Comienza los sábados y domingos a las cuatro de la tarde y termina más allá de las once de la noche, cuando las calles han dejado de latir. Suma más de 50 horas de radio a la semana que todavía le apasionan. A partir de él, me entero de cómo se organizan esas tardes de domingo. Alinea «a más de 200 tíos entre todos los campos de Primera, Segunda y la emisora central». Se declara entrenador, por ello, valiente y responsable en su última palabra. Quizá sea la psicología de su función, en la que debe reconocer los méritos del que necesita mejorar.

«Mi obligación es estar atento», señala. «Si ves que ese Juanma Castaño que hace los inálambricos en Gijón, quiere y se merece venir a Madrid, debes proponerlo». Los domingos, como los equipos de fútbol, juega para ganar limpiamente. Acepta sin impaciencia la democracia de los errores. «Sí, claro que el fallo puede ser una parte del programa, ¿por qué no?».

Él es un hombre que luego, en la soledad, jamás escucha ni ve ni lee nada de lo que ha hecho. «Creo que me daría vergüenza o quizá es que me gustaría hacerlo mejor». Pero siempre sabe lo que pasó. Sabe si hubo «algún momento en el que no cortó el ritmo, que era demasiado alto»; sabe de la importancia «de los silencios, de cada palabra, de cada canción» o de cada interpretación de Pepe Domingo Castaño, que le parece indispensable. Y, sobre todo, intenta que sea «un programa en el que la gente pueda decir lo que quiera decir sin decir nosotros la última palabra».

La vida periodística de Javier Hoyos ha estado más repartida como director de informativos en el País Vasco, de contenidos en Euskadi o regional de las nueve emisoras de Cantabria. Pero este verano la SER le pidió que sustituyese a Paco González en *Carrusel deportivo* y que se convirtiese en el séptimo director de su historia. Hoyos llevaba años «alejado del micrófono», pero aceptó. «Jamás lo hubiese pensado, pero tardé minutos en decir que sí». Tenía derecho a dudar, porque su entorno tiene «una pata en Vizcaya y otra en Cantabria». Todos los días despertaba, junto al mar, en Santander, y no le apetecía nada «el traslado a una ciudad como Madrid». También tenía «un proyecto para hacer televisión». Pero desafió a la pereza y volvió a presentarse «a una oposición». La otra vida la tenía dominada. Llevaba más de diez años desde ese día en el que dejó la dirección de deportes de Bilbao.

El último partido, que retransmitió en San Mamés, se despidió a sí mismo diciéndose. «No sé lo que voy a ganar, pero sí lo que voy a perder». Dejaba de acompañar al Athletic, de vivir lo que no se imagina en días como aquel en Georgia, en una previa de la Champions ante el Dinamo de Tbilisi. Eduard Shevardnadze era el presidente de ese país. Y no fue, claro, aquella una retransmisión como las demás. «Tenía a un soldado con un fusil junto a mi cabeza». Pero eso se acababa, porque las oportunidades casi nunca piden permiso. A Hoyos le ofrecieron ser director de informativos en un mundo tan exigente como el del País Vasco. El precio fue alto, pero no podía rechazar. Encendió a todas horas el teléfono móvil y, detrás de cada dato, manejaba una responsabilidad alta. «No es un periodismo barato. Todo lo que dices debes confirmarlo, porque sino expones hasta límites insospechados». Y comprobó de primera mano, claro, que «un informativo de diez o quince minutos es fácil de llenar, pero no de hacer, porque se trata de contar el núcleo de lo que pasa, con buenos cortes de voz».

2. ¿Y cómo puedo hacer reír hoy?

Javier Hoyos compara esa vida a lo que significa un *Carrusel*, «una maquinaria que hay que engrasar permanentemente». Son siete u ocho horas llenas de inagotables sorpresas y conexiones. Y la cosa ya cambia, claro. «¿Tú te crees que todos los días tengo ganas de hacer reír?», me pregunta Javier Hoyos, que retrocede a su último domingo para explicar la psicología de *Carrusel*. «Tenía las articulaciones doloridas, todos los síntomas posibles de la gripe y, en definitiva, mi cuadro médico no era el más aconsejable». Aún puede ir más lejos, a una tarde de dolor inamovible, «que fue cuando murió Paco Barrero, el hombre de la central de los anuncios del programa. Pues bien, ese día había que hacer reír más que nunca». Y claro que no es fácil, no puede serlo, pero Hoyos ha apostado por esto, con la libertad de decisión a su lado. Y, antes de que se lo recuerde, él mismo se declara un privilegiado, porque de la promoción que se licenció con él, en el curso 89-90, sólo queda «una cuarta parte en activo en el periodismo». Lo recuerda él, no yo, que es el privilegiado, el niño que jugaba en San Mamés a ser periodista. Hoy, que lo es, se declara un tipo exigente que, siempre que hay un error, se acuerda «del Javier Hoyos director de informativos que no podía permitirse una». Pero también sabe que en *Carrusel* la realidad se pacifica «y los errores se amortiguan con el cachondeo». Tiene que ser así, no queda otra. Recuerda ese domingo en el Reyno de Navarra, en el que llovía a cántaros «y la única preocupación de Uxúe, nuestra corresponsal que estaba en la banda, era decir algo coherente y que el inalámbrico no se estropease». De ahí nace la paciencia en la emisora central. Máxime en el primer año, «que es de transición, para conocerse y reconocerse», no lo olviden.

Paco González es un viejo dinosaurio. Tiene un pasado de 19 años cada domingo, cada fin de semana, más bien, en el que sólo aparece un día de absentismo, «que fue el día en el que nació mi hija». Juega, por supuesto, con la necesidad de sorprender como aquella época en la que vio un programa en Alemania en el que no sólo se escuchaba a los locutores, también a los oyentes y decidió apostar por la fórmula. «Junto a *Crónicas marcianas*, nosotros fuimos los primeros en España». Pero, más allá de eso, González opinó a mi lado, como se opina en la calle, y contó su experiencia como si fuese alumno y no erudito. Recordó que pudo «acabar colgando teletipos en un periódico de Economía», pero apareció la SER en el momento idóneo con lo que «la suerte algo tuvo que influir, supongo». Viajó mucho al principio, un poco bajo «el síndrome Paco Martínez Soria» hasta los Juegos Olímpicos de Barcelona 92, «en los que el medallero se disparó y se acabó con esa vieja idea». Y fue, a partir de aquellos Juegos, cuando Antonio Martín Valbuena dejó *Carrusel* y se lo propusieron a él. Antes de decir que sí, preguntó, «¿Lama no estaba antes?». Pero la dirección no le hizo caso.

González era un hombre al que no le importaba esperar. Se advertía en su mirada, en su lenguaje inteligente. Javier Hoyos se acordaba de él en el verano de 1988 cuando fue el becario de deportes de la SER. Venía desde la Universidad de Lejona, en el País Vasco, y González contaba con espacio propio en aquella redacción que lideraba Alfredo Relaño. Había pasado seis meses sin contrato, pero ya lo tenía. A su manera, representaba la felicidad de la paciencia, el fruto de una magnífica relación con el periodismo deportivo. Arrancó a los once años, entre las paredes de su habitación. González era sólo un estudiante en el Madrid de los 70, casi 80 ya. A menudo, se dedicaba a mirar por la ventana «y a narrar lo que pasaba, aunque sólo fuese una mujer con la cesta de la compra, para adquirir el máximo vocabulario posible». El día que pasó a narrar partidos en la Cadena SER descubrió que valía todo. «Podías describir hasta como crecía la hierba, lo importante era ser capaz de sorprender al oyente, de no darle un sermón con el que te desease ahorcar».

Paco González se alistó pronto a la radio, a sus raíces y a sus frutos. El primer Mundial que codificó de veras fue el de Argentina 78. Tenía doce años y lo recuerda a través de las ondas: los goles de Kempes, ese tiro al palo de Resenbrik. «Sí, efectivamente, fue escuchando Radio Nacional de España». Pero no sólo era eso. «Yo me acuerdo de oír el Golpe de Estado de 23-F en la radio». Por eso siempre que pasa algo la enciende, «como el día en el que mi mujer me avisó del 11-M», y puede que hasta apague la televisión. Quizá porque toda esa maquinaria radiofónica posee una máxima credibilidad para él. Quizá por eso también es incapaz de describirla con imparcialidad. González se refiere a la radio como un hijo. «Yo sé lo que es. Sé como se hace, sé lo arriesgada que es y sé que un directo es un directo. Quizá sea una manera muy subjetiva de plantearlo, pero yo era un niño y ya escuchaba la radio, a Vicente Marco en *Carrusel*, a Andrés de Sendra, a Enrique Martín, a José María García, a José Joaquín Brotons...». Por eso el día que vio en las listas su nombre, entre los escogidos para entrar en la SER, sintió una felicidad justa e inolvidable.

Y Javier Hoyos lo entiende, claro. Y lo entiende, sobre todo, porque él vivió un año después esos mismos exámenes, «que eran como una *semioposición* muy exigente» para hacer prácticas en la cadena. Hubo quienes no pasaron esa criba, pero Hoyos sí. Vino a Madrid, donde encontró un caluroso escenario. Literalmente, pues era habitual que el aire acondicionado no funcionase. Se necesitaba una reforma rápida y sincera. La redacción todavía estaba en la segunda planta del edificio de la SER en la Gran Vía, en sus últimos estertores ya, a la espera de que se inaugurase la octava. Pero en ese ambiente descubrió lo que a veces los periodistas, que triunfan, olvidan: la importancia de la suerte. Y lo hizo en un día en el que se sintió a morir. Y no precisamente por el calor. «Yo llevaba un mes cuando me comunican que ese día me voy a encargar del programa local de las tres y, a media tarde, me llaman los jefes, que debían estar en una comida, y me dicen que haga el de las ocho. Y se me ocurre llamar a Jesús Gil, al que por alguna extraña razón había caído bien, recuerdo que me llamaba *Javierito*, y le cuento que voy a hacer el programa. Y dijo que le llamase y aceptó, incluso, entrar en directo con el doctor Ibáñez, algo que nunca aceptaba. Y recuerdo, que aquello que pudo ser un desastre, fue una gran exclusiva. Y, al día siguiente, todo el mundo hablaba de Javier Hoyos y lo único que yo había hecho era llamar por teléfono».

3. La vida es una oposición

Padre de cuatro hijos («que siguen viviendo en Bilbao»), Hoyos ha sabido marcar los tiempos. «He sido botones antes de ser director de hotel». Hoy, continúa siendo ese hombre que cree en la buena suerte. Sólo le pide a la inspiración que «cuando te pilla, mejor que sea trabajando que mirando al aire». Sabe que la vida es difícil. «La vida es como una oposición diaria. Y en esa vida uno toma decisiones que ni él mismo sabe por qué». Pero sí se recuerda de niño, entre Vizcaya y Cantabria, como siempre, a los ocho o nueve años, tal vez. Entonces sorprendió a su padre, que era director comercial de una empresa, con una idea tajante y revolucionaria. «Quiero ser periodista». Y ahora es su padre el que ve como se gana la vida y le agradece que sus sueños tuviesen tan buena puntería.

La realidad es que Javier Hoyos no cambió. Sólo esperó su momento y eligió sus decisiones. A veces, con riesgo como ese día de verano de 2011 en el que volvió a los estudios centrales de la Cadena SER. Seguían ubicados en la Gran Vía, como en el 88, pero no era como entonces. Paco González ya no estaba. Acababa de marcharse y dejaba al *Carrusel*, en medio de un cataclismo. Hoyos venía con el deber de repararlo con urgencia, «de hacer un equipo *a golpe de calcetín*». Y avisó, o supo avisar, que no venía a perder. Fue más drástico, incluso. «No se crean tampoco que vengo a tapar un hueco como pidiendo perdón». Y sorprendió pensando como había pensado siempre, desde la niñez en San Mamés, que «lo importante es que te creas lo que haces y que los demás te crean». La vida no hizo más que situarle. Tiene esa afición «a pedir las cosas por favor y a dar las gracias» y por eso no le importa que ahora, en Madrid, no tenga despacho. «Es un simple formalismo. Cuando lo tuve, siempre estaba con las puertas abiertas». Y, en todo caso, recuerda que «cuando llegué, en el año 88, Iñaki Gabilondo tampoco lo tenía» y ahora mira «a Gemma Nierga o Angels Barceló», ejemplos vivientes, y vuelve a preguntarse, «¿qué importancia tiene un despacho?, ninguna, ¿verdad?». El corazón importa más, claro.

El día que me atendió Paco González vivía una tarde pacífica, con la poesía de la edad. Los periodistas también tienen derecho a ellas. Acababa de terminar de escribir una secuencia de esas cartas que escribe para sus hijos, donde les cuenta como es el mundo de hoy. Se las entregará «cuando cumplan 18 años» y, tal vez, viva con más calma de la que vive ahora. «Lo cierto es que no soy capaz de quejarme», interrumpe. «Lo que hago es una bendición», se recuerda ahora y en los peores momentos, «cuando me siento atacado».

González retrocedió a sus años jóvenes, cuando uno no se siente víctima de nada. Adoraba «a Neeskens en Holanda, a Stielike en Alemania o a Tardelli en Italia». Después, cuando se hizo periodista, descubrió que lo peor que te puede pasar «es acercarte a los idolos que tuviste, porque dejarás de ser de ese equipo». También pudo perder algo de pasión la noche en la que narró «el Mundial que ganó España en Sudáfrica 2010». A partir de ese día, ya sólo queda que un atleta español gane el oro olímpico en los 100 metros, aunque González ya no pide tanto. «Yo tengo suficiente con los 1.500 de Fermín Cacho en los Juegos de Barcelona 92». La realidad, en cualquier caso, es que su pasión no escarmienta, sueño y pesadilla a la vez. «El fútbol me sigue encantando». A las semanas de volver de Sudáfrica, de narrar lo que tanto ansiaba desde Argentina 78, González recargaba el teléfono tres veces al día para montar un equipo en su nueva trayectoria, en *Tiempo de juego* en la COPE. La ambición se renovaba. Toda la gente que se sumó a su aventura no lo hacía por dinero. González sólo respetó el pasado que le hizo tanto bien. A los 24 años, cuando recogió el testigo de Antonio Martín Valbuena en *Carrusel*, se expresó en voz alta, «quiero un programa coral y divertido». Casi 20 años después, no ha cambiado: ha mejorado, ha derrotado a la duda y ya no le asustan las tardes de domingo. Sólo le motivan, «porque hemos conseguido reírnos hasta en los partidos sin goles».

4. El programa que quiero escuchar

Paco González tampoco reivindica la dificultad de lo que hace. «A mí, desde luego, no me parece que sea difícil: me limito a hacer el programa que yo mismo quisiera escuchar». Se declara el primer oyente de *Tiempo de juego*, donde se aceptan las discusiones y no los sermones. «Yo pretendo un programa como si estuviésemos entre amigos, en el que cada equipo se identifique con un narrador y con un comentarista, y no pasa nada si se pelean: tú puedes identificarte con el que más te gusta». Paco González sólo pide a su gente, «que no se limiten a narrar lo que pasa, porque para eso ya está la televisión». El año más difícil fue el primero. Hubo que montar «una estructura de programa y tomar decisiones con gente histórica en provincias». Pero hoy cree que valió la pena y casi adora ese producto, en el que aprendió rápido a prescindir de las entrevistas. «Los jugadores casi nunca decían nada». Acentuó la importancia de cada palabra, cada canción o cada silencio. «Callarse puede ser más importante que nada». Y, como jerarquía de ese escenario, adora a Pepe Domingo Castaño que es algo más que un histórico. «Un día empezó a improvisar y a integrar tanta publicidad de manera coral y divertida». Y el resultado ya no se olvidará nunca, claro.

Javier Hoyos dispara un noble objetivo en la Cadena SER: la vida vuelve a ser una oposición. Toda su vida, en suma. La diferencia es que Hoyos ha regresado al periodismo de la ilusión, «al único que puede hacer que durante un rato todos los millones de parados de este país se olviden de su drama». La tranquilidad no le abandona en este viaje. Sus tres pilares siguen endiosados. «La afición al periodismo, a la lealtad y todos a una». Su bautizo se produjo, a partir de las 19.30 horas, el 27 de agosto de 2010 en la final de la Supercopa de Europa entre Atlético de Madrid e Inter. La historia le esperaba como a los niños. Se convertía en el séptimo director en toda la vida del programa. Era un hombre que empezaba. «A las tres y media de la tarde, estaba todo montado y, como vivía muy cerca, en el hotel Callao, subí a la habitación a echarme una siesta». Casi sin pretenderlo, hizo un tratado de su psicología. «Soy un tipo tranquilo. Creo que nada me trastoca el sueño». Y después la conversación descendió a la calle o al paraíso terrenal. Contó que se desplaza en transporte público por Madrid «porque me ayuda a pensar». Quizá, para justificar su instinto de periodista, le gusta fijarse mucho en la gente. Y recuerda ese día, en el que volvió de Bilbao en avión y a la salida del aeropuerto tenía tanto tiempo libre que, en vez de un taxi, decidió coger el Metro. «Y en una parada vi como un italiano le robaba la cartera a una chica y le cogí hasta que vino el vigilante de seguridad. Nada más bajarme del vagón me topé con un anuncio de *Carrusel* en el que aparecía mi cara».

Volvió entonces a darse cuenta de dónde está. Cada semana, en realidad, se cruzan más motivo. El día en el que hablé con él estaba en los estudios centrales de la SER Iñaki Gabilondo, un personaje que le inspira exigencia y verdad. «No conozco a nadie igual». En realidad, Javier Hoyos siempre ha pensado que «la necesidad está en función de lo que le exigen a uno», aunque aquí no hace falta que nadie le exija: ya se exige él. Y, como pasa con la gente valiente, Hoyos no reclama su presunción de inocencia. En el pasado ya fue jefe de Deportes en Bilbao y vivió días únicos en San Mamés, donde hizo inalámbrico en 1988. «Era una época en la que todavía se pensaba que se podía repetir una delantera como la de Dani, Sarabia y Argote en los títulos de Clemente». Vivió épocas altísimas, desde la cabina y a pie de campo, con entrenadores de tanta categoría como Luís Fernández o Howard Kendall. «De hecho, todavía conservo el papel, una hoja cuadriculada, del día en el que Kendall anunció su marcha, lo dejó encima de la mesa y lo cogí como recuerdo». Pero eso fue ayer, en esos días en los que resguardaba su micrófono de la lluvia, en esas tardes de domingo en San Mamés, en el kilómetro cero del fútbol español. Eran tiempos en los que Paco González le daba paso desde los estudios centrales de Madrid. Hoy, ya no. La vida ha cambiado mucho y hasta Pepe Domingo Castaño, después de 37 años en la SER, lo aceptó cuando empezó el nuevo proyecto. «Tengo mariposas en el estómago». Hoyos, simplemente, recordó que «no hay lealtades permanentes» y que, aunque la vida cambie, hay cosas que no pueden hacerlo. «Si no hice ese tipo de periodismo en Euskadi, con una información tan comprometida, no lo voy a hacer en Deportes».

Las tardes de domingos, en realidad, no han cambiado. Tienen el hambre de siempre y el gol sigue siendo una mano de obra fiel. Se ha descubierto, en cualquier caso, que se puede vivir sin él. «Se vive peor, pero se vive». La diferencia es que Paco González y Javier Hoyos ya no juegan en el mismo bando, como pasaba en el 88, jóvenes y preparados para soñar. El destino lo eligió así. Hoyos ocupa ahora el lugar que González, toda una vida, adiestró durante 18 años. González marchó con su equipo a la COPE. Cambió de nombre, *Tiempo de juego*, pero no de corazón con lo que sigue siendo el mismo. Y cada cuatro meses hay un juez que, a la vez, es esperanza. Se llama EGM [Estudio General de Medios] y demuestra quién gana y quién pierde... Y, casi sin tiempo para volver a soñar, la vida nos recuerda que esas son las cosas de hacerse mayor.

Yo mando, tú no sólo escuchas 07

1. Días sin paz

No sólo es el resultado final. Hay otra parte que hace de los directores de periódicos gente especial, de otro corte quizá. A la fuerza, son hombres importantes: el deporte importa mucho. En su traje caben casi todos los demás y no se acepta el pesimismo. Siempre reservan algún minuto del día para rendir culto a la soledad, y negociar la siguiente decisión. Los directores son así. A veces, arrancan sin paz como le sucedió a Alfredo Relaño en el verano de 1996, en la antigua redacción del diario *As* en la Cuesta de San Vicente. Llegó y encontró un periódico detenido en el tiempo, en el que había que reformarlo todo.

No era fácil. Joan Vehils apareció en 2007 en el *Sport* y, antes de ser feliz, apagó a duras penas un incendio humano. «Tuvo que hacerse un Expediente de Regulación de Empleo (ERE)». Vivió y no vivió en esos días. «Nadie puede acostumbrarse a eso, y el que diga que sí no me merece el más mínimo respeto». Paco García Caridad fue el primer director de Radio Marca. La emisora no se parecía a ninguna de las que había. Tenía dudas. La primera pregunta pareció salvaje: ¿una radio de deportes las 24 horas? La siguiente llamó a tropas a la ambición: se podía hacer. José Ángel de la Casa asumió una jerarquía más alta en 1997 como director de Deportes TVE. Aguantó diez años, en los que pasaron «siete directores generales diferentes» y ninguno le destituyó. De la Casa casi siempre repetía a su gente, «vosotros tenéis la suerte de tener un jefe que es amigo...». Las decisiones, sin embargo, no incluían preferencias. No podía. «Gestionaba un presupuesto de 40.000 millones de pesetas».

Al principio, Relaño era un hombre con incertidumbre en el diario *As*. «Vivía los partidos del Real Madrid con la angustia de cuando tenía doce años». Lo reconoce y no lo oculta, porque «las ventas eran malas, y si el Madrid ganaba, subirían». El periódico lo necesitaba. La impaciencia era natural. Admitió entonces que debía ser «el tiempo el que hiciese las cosas». Después, puso academia a un sentimiento. «Hay que orientar la vela hasta que el viento la empuje». Antes de llegar a *As*, tenía una biografía abundante e intuitiva. Había liderado los deportes de la Cadena SER o de Canal Plus, con aquel programa de los lunes, *El día después* que no desaparece de nuestros corazones. Sabía también del periodismo escrito. A mediados de los 80, fue redactor jefe en *El País* y convenció a sus gentes de una elegante manera de rellenar las páginas. Pero cuando llegó al viejo *As*, sintió que esto era diferente a todo. «No es lo mismo mandar a seis que a 140». Su vida aceptó el cambio con la amabilidad del desafío.

Atrás quedaron épocas más viejas, la suya en Andalucía, en la que vivió «la plenitud del periodismo de investigación: cada preocupación humana era tu preocupación». Atrás quedó también el viejo Relaño, ese hombre difícil para los curas, primero, y para los jefes, después. Por eso tenía «ciertas reticencias con el poder» y no quería convertirse «en una especie de enemigo para los que ponen a tu mando». Pero tenía que medirse a sí mismo y hasta demostrar si esa vieja profecía de Abraham Lincoln era verdad, «si queréis probar el carácter de un hombre, dadle poder».

2. Cuando trabajaba en *Don Balón*

«Soy director, pero podría ser redactor» señala Vehils, que ha hecho mucha calle en su vida periodística. Fue reportero de Antena 3 TV en Barcelona y del *Sport*, claro. Su biografía era amplia en Juegos Olímpicos (Barcelona, Atlanta o Sidney). También en la información del Barcelona, al que acompañó a Wembley en la primavera de 1992 para levantar la Copa de Europa. Era otra época, la del *dream team* de Cruyff. Vehils, a veces, quedaba para cenar con jugadores (Bakero, Beguiristain, Zubizarreta...). El club no poseía, como ahora, «un departamento de comunicación de 40 o 50 personas». El periodismo era más cómodo. Cruyff no era Guardiola. Aceptaba entrevistas personales. Era una manera de ponerse delante del espejo, decía. «Pero, claro, existían la mitad de medios», recuerda Vehils, que tampoco olvida el primer día que pisó su despachó, ya como director en *Sport*.

Recordó sus orígenes. Era octubre de 2007 y viajó casi hasta su adolescencia. «Me vi trabajando los fines de semana en *Don Balón* haciendo crónicas de tres o cuatro líneas». Se hizo entonces la promesa de hacer calle, que malamente mantiene. Y descubrió que casi se sentía más a gusto en la redacción, al lado de toda esa gente con la que había coincidido en la universidad. Y ese aroma de igualdad existirá siempre.«¿Cómo voy a abusar yo de nadie?», se pregunta. Pero hay días duros, naturalmente, en los que se hacen diez portadas y se dudan de todas en el *Sport*. «Los cuatro diarios deportivos tenemos una encuesta que demuestra que la portada influye en las ventas». La tensión es necesaria. «Hay que buscar esa frase, esa palabra que tenga impacto...».

Son días naturales que existen en las redacciones de deportes o, sin ir más lejos, en el Estudio Juan Manuel Gozalo de Radio Marca, donde la urgencia no pide perdón. Su director Paco García Caridad es un tipo listo que celebra, con motivo, la primera década de la emisora. Caridad llevaba dos años como redactor jefe de *Marca*. En 2001, le propusieron la idea «de contar con una frecuencia modulada convencional». El proyecto era absolutamente novedoso. Todavía lo es. «Somos la única radio temática especializada en deportes en España y en Europa». El escenario le dio la bienvenida. Caridad encontró buenos tiempos («hay un gran consumo de información deportiva»), que le favorecen y le distinguen. «Las emisoras generalistas no emiten casi nunca deportes por las mañanas».

Pero en Radio Marca es diferente, claro. Se ha podido narrar en directo hasta las ascensiones al Aconcagua o al Everest, lo que no ha hecho nadie. Y, aunque parezca mentira en una emisora así, Caridad promete que les «falta tiempo para contar todas las cosas». Hombre de amplia biografía radiofónica, desde 1980, cuando arrancó Antena 3, se alimenta del pasado y de sus pasiones invencibles. «Yo he visto en directo a un hombre tan versallesco como Iñaki Gabilondo tirar un rotulador a alguien a través del cristal». Y lo acepta, «a veces, un grito a tiempo evita peores cosas».

La crónica diaria en el periodismo deportivo también es rápida, muy inquieta siempre. «Aquí, la gente quiere saber si un futbolista viene o se va, y contarlo casi al minuto», dice Relaño desde el diario As. Por eso casi nunca hay demasiada calma. Y, en caso de que la haya, puede que él la interrumpa. A las ocho de la noche, tal vez ordena cambiar el periódico entero. Muy posiblemente, ni siquiera sea necesario y comprende que la redacción enloquezca de rabia, «pero a mí siempre me ha gustado improvisar. Y, sí, a veces, lo hago de manera intencionada, sin que los redactores lo sepan, para que el día que pase de verdad estemos entrenados». Educado en la calma, Relaño nunca lee nada de lo que escriben sus periodistas en la víspera: espera al día siguiente.

Vehils trató de leer todas las páginas el primer día que dirigió el Sport. Fue un error. «No me dio tiempo ni con todos los titulares». Desde entonces, controla la impaciencia y sólo recuerda a su gente, «cualquier información que hacemos afecta a personas, sea un breve o un reportaje en las páginas centrales». En su afán democrático, Relaño apuesta por el método Del Bosque, en el que no hay malas personas. «En As existe absoluta libertad para que cada uno escriba como es», dice lo que no quita que alguna vez se enfade cuando la letra ya está impresa. «Y esto me pasa, sobre todo, en esas entrevistas a las que creo que se les puede sacar más punta»

José Ángel de la Casa también fue un pacífico director de Deportes. Venía de otra vida. Tenía un retrato de hombre simple y quizá por eso nunca estuvo de moda. Sus narraciones eran lineales y de una neutralidad casi enfermiza. Para seguir siendo quién era, continuó «retransmitiendo los partidos de la Champions League y los de la selección española». Todo eso le ayudó en esos días perversos y de energía sorda. Se convenció entonces de que «es infinitamente más fácil narrar un partido» que tomar una decisión. Pero siempre tuvo la seguridad de hacer lo correcto. «Pedro González era la voz del ciclismo. Nunca lo pasé tan mal como cuando tuve que decirle que no iba a los Juegos de Sidney 2000», recuerda De la Casa. «A él le afectó mucho, y la discusión fue importante, pero no quedaba otro remedio. Coincidía con los últimos días de la Vuelta a España y, por mucho que Pedro insistió, no podía ser. Yo tuve que hacérselo ver y no fue fácil: él no quería verlo».

Vehils abre ahora la puerta de su despacho en el diario *Sport*, en el que pasa muchas horas. Su idea es cambiar sin traumas, pero no siempre es fácil, lo sabe. «Al final, todas las decisiones pasan por la dirección y no hay paraguas para recogerte». Relaño diría más, «al final, el director tiene la responsabilidad moral y en caso extremo penal». García Caridad regresa al pasado, a la inestimable colaboración de sus maestros, «los principios de ayer me valen para hoy. Son los que imaginaba de niño cuando escuchaba Radio Protesta o a Martín Ferrand en *Hora 25*. Luego, aprendí de José María García, de su temperamento y hasta de sus broncas en antena, que eran didácticas. Se dirigían a gente a la que quería mucho. Era como si tu padre te echase una bronca por volver tarde a casa». Eran, en realidad, otros tiempos. La terapia estaba en la calle. Allí, los periodistas aprendían a saber ganar y perder: el empate no se toleraba. García Caridad recuerda su época, cuando fue delegado de Antena 3 Radio en Las Palmas o en Zaragoza, en la que no vivía: soñaba. «Había muchas noches en las que suspirábamos por meter noticias en el programa de García y nos íbamos a casa sin entrar».

3. Yo era un gran pesado

En su etapa de redactor, García Caridad irradiaba esa maravillosa impaciencia. «Yo era un gran pesado», reconoce y tenía un testigo: su voluntad. «Buscaba las fuentes y me acostumbraba a preguntarles qué pasaba, aunque pareciese que no pasaba nada». Hoy, se lo dice a sus redactores, porque el periodismo también arranca en conversaciones coloquiales, en llamadas anónimas, en hábitos que se crean. Relaño lo sabe desde los 70, que es como la prehistoria del periodismo. Allí conoció las señales del agua trabajando para *Marca* y siendo uno de esos dos o tres periodistas que acudía a los entrenamientos de Madrid o Atlético. Después, pretendió más y se sorprendió a sí mismo. Aceptó el poder y comprendió que se puede vivir en paz. Se aficionó «a mandar desde la amistad». Y por eso, años después, fomenta las cenas de matrimonios como un golpe de lógica. Va a ver a los niños recién nacidos de sus redactores «si no se considera una intromisión». Valora el compañerismo como una aventura vital. Y atiende a cualquier día de labor entre semana, «yo voy a comer siempre con gente del trabajo».

En la vida del director no sólo hay un despacho, un saludo cortés, una secretaria que organiza la agenda y, tal vez, un armario que parece un parque temático de corbatas. También hay esfuerzo, dicen, y la vanidad no se sujeta, prometen. «No todo lo que publicamos está bien», señala Vehils en *Sport* para prevenir y curar. «Tenemos que reconocerlo: hay gente que no le gusta lo que se publica». Y regresa respetuosamente a su pasado anterior, «el hecho de pedir cosas que tú ya has hecho te da seguridad. Sabes lo que se puede hacer y lo que no, porque lo has vivido». Después, uno se acostumbra a aceptar el riesgo y a localizarlo. Y todo eso hace de Vehils un personaje al que le gusta su trabajo. De hecho, regresa a un día muy típico en el *Sport*. «En cuanto tenemos una noticia propia, siempre nos planteamos una pregunta: no sabemos si colgarla en Internet, donde va a tener un efecto de diez minutos, o reservarla para el día siguiente, porque así el periódico de papel, que es donde están nuestros beneficios, tendrá más fuerza». Y entonces las dudas montan su campamento. «Pero aun así hay veces que esperamos y sale bien como el día en el que fuimos los únicos en enterarnos de que Víctor Valdés no iba a jugar. No era una noticia extrema, pero el lector, al llegar al quiosco, no se la esperaba».

Los directores vuelven a empezar cada día. Entre ellos, la resistencia al fracaso es enorme. Y no les convence que haya derrotas con más dignidad que las victorias. A los ojos de los demás, permanecen expuestos hasta el último día. En tantos años, De la Casa vivió esos problemas. «Cuando dirigía *Estudio Estadio*, los jugadores del Madrid pidieron mi cabeza. Al final, una vez que se marchó Pilar Miro y vino Luís Solana, la consiguieron y me pusieron a preparar el Mundial». Eso fue ayer para De la Casa, discípulo aventajado de la calma. Comenzó de periodista y acabó casi como empresario. Negoció entonces con las altas esferas para conservar los derechos de la Champions League o de los Juegos Olímpicos 2012 en TVE. Y no fue fácil. «Un día después de las elecciones generales de 2004, tuvimos que ir a negociarlo con Pedro Solbes, que iba a ser ministro de Economía, porque, si no se hacía así, esos Juegos corrían el peligro de perderse».

Relaño también sabe lo que es anticiparse al futuro. Ha sido un hombre de decisiones rápidas y la prueba son aquellos años en los que fue jefe de Deportes de la SER. Entonces eligió a José Ramón De la Morena para conducir *El Larguero* en una situación difícil. El marcador estaba en contra. El liderazgo nocturno de José María García era claro. Relaño buscaba a alguien que fuese capaz de conmover e interesar. Y, antes de acordarse de nadie, se acordó de sí mismo. «Cuando yo estaba en *El País*, vivía con una chica y me di cuenta de que ella se divertía cuando ponían un programa local de deportes, que hacía De la Morena. Y yo pensaba: si le gusta a ella que es chica y me gusta a mí que soy tío y me gusta el deporte, aquí hay uno que duplica el posible cliente».

4. ¿Periodismo de club?

La vida de García Caridad es diferente en Radio Marca. Madruga más. Y, si no tiene cita nocturna en televisión, se acuesta antes. Acepta que «la radio es un animal de compañía que no se agota», sin las dudas de futuro que aterrorizan al periodismo escrito. «Además, es gratuita: no hay que gastar un euro ni hacer el ejercicio de voluntad de ir al quiosco». Su jurado está en el Estudio General de Medios, donde se delata el número de oyentes. «Nuestro objetivo es llegar a un millón». Por eso la pelea es tremenda a cualquiera de estos niveles. Detrás de la pasión, siempre están las cifras. Johan Vehils, cuando juega el Barça, espera hasta última hora de la noche para llamar a la rotativa y fijar la tirada de ese día. «Si pierde, la bajamos. Sabemos que vamos a vender entre 30.000 y 40.000 ejemplares menos»

Vehils acepta el imperio de la realidad. «Somos muy barcelonistas, sí. De hecho, tenemos siete rotativas y en todas abrimos con el Barça en portada, porque es lo que pide nuestro lector». Y se trata de cumplir para vender. «Pero, un momento, eso no implica que escribamos al dictado de nadie». Viaja al pasado, a la época de Laporta, «en la que fuimos los primeros en pedir su dimisión por actitudes personales que nos parecieron inadmisibles. Antes, sin embargo, se nos había acusado de protegerle». Y recuerda el último período electoral en el que «no nos posicionamos a favor de nadie». Otra cosa es que el día en el que ascendió al cargo, Vehils manejase una duda poderosa. «Creo que tiene que ser difícil hacer cada día una portada del Barça», pensó y aún lo piensa. La diferencia es que ya no se asusta. Sólo se pregunta, «¿no me acabaré cansando? No es tan fácil».

En la ideología de Relaño las malas noticias no existen en portada. «Si acaso, en la periferia». Todas las trabaja él en la soledad, «incluso en vacaciones y no se trata de hacerse el héroe, faltaría más». Pero hay costumbres que no necesitan de nadie. Y, sí, Relaño lleva quince años comprometido con el Real Madrid en el escaparate de su periódico. Y casi siempre elige la fotografía de alguno de sus futbolistas en portada «y excepcionalmente enormes heroicidades de otros deportes». Pero poco. «Nunca me planteé hacer un diario como *L'Equipe* en Francia. Yo he estado en una reunión de organización de contenidos suya y lo primero que discuten es el deporte por el que van a empezar el periódico. Aquí, sin embargo, no se puede, porque es el lector de fútbol el que sostiene los periódicos deportivos». Y por eso no se puede tratar a todos los deportes por igual.

Y como, además, Relaño sabe que «las portadas cambian las ventas entre un 10% y un 15%», cuando pierde el Madrid «aparece Casillas, que es lo que más consuela». Y esto tampoco significa periodismo de club. «No estamos con el Madrid en todo», discrepa. «Buscamos aciertos y errores, que los lectores sepan lo que pasa y luego puede haber pinceladas de un color más fuerte, sí, caso de Tomás Roncero. Pero esto es como si tienes un columnista que sabes que es muy de izquierdas en *El País*». Y, por encima de todo, reivindica, «nosotros estamos para contar los éxitos de los hombres». Y, es más, recuerda «aquellas estremecedoras confesiones de Manzano, en las que reconoció el dopaje en el ciclismo», que *As* publicó en exclusiva. Recuerda Relaño y aterriza en el mismo domicilio. «Sacamos ocho páginas durante cuatro días y yo creo que sólo fue portada el primero».

De la Casa, sin embargo, fue otro tipo de director en la cadena estatal. Atendió a otras exigencias. Jamás puso en peligro la neutralidad. El partido que más le costó retransmitir fue «la final de la Champions League entre Real Madrid y Valencia». Sólo una vez tuvo problemas en un estadio. «Fue en el Camp Nou y me acusaron de madridista». En cualquier caso, ante las críticas («que no me gustaban, claro»), no se fatigaba. Era el mismo de siempre, el hombre que se niega a participar en una sola tertulia. «No valgo para dar voces». Joan Vehils, sin embargo, necesita en el *Sport* de otro tipo de periodismo para contentar a su gente. Se refiere al derecho a soñar del barcelonismo. Su periódico sólo traslada ese fenómeno al papel. El día que se sepa si Messi se casa, la noticia saldrá en portada como salió la fotografía entre Shakira y Pique. «A la gente le interesa saber que pasa con sus ídolos». Y eso descansa. «La crisis económica, la falta de trabajo, las guerras ya están demasiado presentes en la prensa general... Nosotros defendemos otra cosa: las ilusiones no hacen daño».

Fue ése el periodismo que animó a De la Casa en el pasado. Una noche de verano de 1984, en los Juegos de Los Ángeles, aparcó su frialdad. El abrazo fue gigantesco. Regresó a sus años de atleta en Toledo, al entrenador Martín Velasco y a todo lo que parecía imposible. Luego, celebró hasta la madrugada, junto a José Manuel Abascal, nuestra primera medalla olímpica en la prueba de los 1.500. Allí no estaba García Caridad, que trabajaba entonces en Las Palmas y ya escuchaba la música irlandesa de Van Morrison. No tenía despacho y salía más a la calle. Relaño también lo hacía en Andalucía para *El País*, donde curiosamente no ejercía el periodismo deportivo. Vehils todavía era un estudiante, coronado por sueños de aprendiz. Hoy, que los ha conseguido, el periodismo no se parece nada al del año 84 en Los Ángeles. Y sus hombres, tampoco.

A Caridad, el cuerpo le pide algo más «como, por ejemplo, un programa de información general». A sus 54 años, imagina que no es demasiado tarde. De momento, mañana se levantará otra vez de madrugada. Su programa de radio comienza a las siete. A esa hora, Relaño descansará el último cierre, convencido de que los lectores tienen su lado imprevisible. «Temía que la marcha de Tomás Guasch nos quitase lectores en Barcelona y resulta que hemos subido». Joan Vehils tal vez sueñe con una portada fácil y rompedora que no sólo agote los ejemplares en la Costa del Maresme, también en la Meseta. Y José Ángel de la Casa, prejubilado, despertará a la hora que le parezca. Él ya hizo lo que debía. Él ya fue uno de esos directores que cree que Relaño lleva razón cuando dice que el secreto está «en orientar la vela hasta que el viento la empuje». Y parece fácil, pero debe ser difícil.

Siempre nos quedará el mañana

Ayer, fue director de *Marca* (2001-2005), donde la vida le sorprendió. «Yo era redactor jefe y me salté tres escalones de golpe». Pero en el periodismo, como en el cine, el peligro siempre ataca cuando todo parece más tranquilo. Elías Israel aceptó. Al día siguiente, fue como si le ofreciesen ver Manhattan desde su despacho. Dijo que no. «Yo sólo quiero una cristalera a través de la que los redactores me puedan ver y yo pueda verlos a ellos». Y volvió a sorprender cuando pidió que las reuniones de portada «se hiciesen en una mesa en el centro de la redacción». Y siempre lo interpretó así. «Aquello era una obsesión para que cualquiera se animase a participar». La lealtad fue su único vicio. «En realidad, no teníamos nada que esconder».

Futbolista frustrado, alumno incisivo en la Facultad, Elías Israel tenía un pasado como los demás. «Al principio, trabajaba tecleando las programaciones en el *TP [Teleprograma]*». Luego, la urgencia le acompañó a *Marca* («se habían marchado 17 periodistas»). Ganaría la mitad, pero pensó como John Travolta en *Pulp Fiction* («con tu permiso me voy a casa, a tener un ataque al corazón»). Y durante 14 años, en los que empezó abajo y acabó en lo más alto, ésa fue su casa. Descubrió el valor de la suerte, «la tuve»; la necesidad de ganar los 362 días que el diario llegaba al quiosco («el empate era una derrota») y la importancia de cada detalle. Y se cuenta de él que era capaz de irse desde la redacción, en el Paseo de la Castellana, hasta la imprenta de Valdemoro a las dos de la mañana, sólo para darse el gustazo de ver cómo salía el periódico. Y todo eso, «que fue una forma de vida», vuelve a su vida ahora, cuando sus hijos ven todas esas fotos del padre «junto a gente como *Magic* Jonhson, André Agassi, Lance Armstrong, Miguel Induraín...». Y él tampoco se acuerda de olvidar. «Pero, por lo demás, es una época vencida», asegura.

Elías Israel es ahora empresario de la comunicación. Junto a su hermano, montó una empresa, La estrategia de Chapman, que desarrolla un diario digital, *sportYou*, donde la presión respira de otra forma. «Antes peleaba por un sueldo; ahora me juego mi propio patrimonio». Y en sus tres primeros años ha salido invicto, «queríamos convertirnos en un referente de opinión», fieles al futuro, quizá, y a la demanda de los nuevos tiempos. «La información tiende a ser gratuita». Nada de eso significa que Israel desconfíe del papel y de ese olor a tinta, que tanto marcó su vida. Y no duda del periodismo. «Va a triunfar siempre». Pero sabe que «otra cosa son los canales». Y quizá su apuesta sea la demostración de lo que se sabe y no se duda: el futuro ya está aquí. Hoy, Elías Israel dice en *sportYou* lo que nunca dijo en *Marca*: «Una de la principales fuentes de tráfico son Twitter y Facebook». Pero, claro, eran otros tiempos, casi seis años atrás, en los que ya se sabía que siempre nos quedará el mañana.

El hombre prisas |08

1. La locura es mía

Trabajan rápido y en silencio. A su alrededor, convive la histeria, la emoción y, en el último escalón, una pelota de fútbol, que ha educado la escritura de quienes ayer sólo fueron hinchas: José Miguélez, del Atlético; Santiago Segurola, del Athletic; Ramón Besa, del Barça, y Juanma Trueba, del Madrid, seguramente. Quizá no sean los mejores, pero sí pueden ser los mejores. En ellos, habita la madurez de los años, la fuerza de la costumbre y, tal vez, un pacto con el diablo. Siendo más jóvenes, se acostumbraron a escribir con prisa, al terror de la noche, a la dictadura del minuto 90, a relatos veloces y, sin embargo, meditados. Todo muy loco, muy desordenado como los jóvenes sin pareja, los payasos sin zapatos de payaso o las películas sin malo.

Pero, como decía el cine de Alfred Hitchcock, «existe algo más importante que la lógica: la imaginación». Y estas gentes, estos cuatro hombres, son así: currantes de la letra, letales ante la impaciencia de las rotativas y quizá algo más. O, al menos, eso piensa Miguélez, que construyó su primera reputación en *El País*. «El periodista deportivo es un personaje muy estigmatizado, pero, en realidad, es un fenómeno». Sin necesidad de escucharle, John Carlin, abundante reportero, le declara su «admiración más absoluta» a él y a todos los que son capaces de escribir bajo el impacto del último minuto de partido, porque no sabe si él, que ha escrito en medio mundo, tendría esa habilidad para hacerlo con tanta prisa. Y, como nunca lo hizo, Carlin no pretende engañar a una duda nada fácil y difícil de vencer; tímida de esperanzas, al principio, y con menos misterio ese día en el que, definitivamente, uno se hace mayor y descubre que, a veces, en un minuto, se puede arreglar todo.

En realidad, es la fantasía del cronista que, antes de eso, fue aprendiz y prometió no hacer excusas de las dificultades, vivir sin segundas oportunidades o dormir bajo el mismo techo que la angustia. Todo eso fortaleció a José Miguélez, que se acuerda de los ordenadores portátiles de los noventa, más antiguos y más pesados, en los que el momento más estresante llegaba «a la hora de transmitir la crónica, porque nunca sabías lo que podía pasar». Hoy, sin embargo, Miguélez envía el texto desde el Soccer City de Johannesburgo y, a los treinta segundos, recibe el mensaje de confirmación. Pero, aun así, Ramón Besa se niega a creer que el vértigo del cronista pueda desaparecer alguna vez, porque entonces no sería él, sería otro, con una vida distinta, con un horario de ocho a tres, tal vez, y sin noches como la de la próxima semana. La vida, entonces, volverá a recordarle lo que es con uno de esos partidos, que empiezan a las ocho de la noche y en los que las prisas sientan cátedra. «La edición europea de *El País* cierra a las diez de la noche». Y entonces Besa, cronista con trienios, siempre se dirá lo mismo: «Uno debe escribir con tanta velocidad que, si te pones a pensarlo, dejarías de escribir».

El escenario parece absurdo: uno se sale de la realidad para escribir de la realidad. Pero tiene que ser así. En la segunda parte apenas ve el partido, su mirada está en la pantalla, casi nunca en el césped, a la fuerza ahorcan; casi se guía más «por el ruido de la pelota» y hasta por el sonido ambiente. Y sabe que hasta que el árbitro pita el final pueden pasar tantas cosas que, a veces, pasan. Y entonces no sólo Ramón Besa, también Santiago Segurola, se imagina a sí mismo en un partido en campo contrario, en el que la angustia es muy humana. José Miguélez recuerda esa noche y ese partido en Ginebra, Eurocopa 2008, entre República Checa y Turquía, en el que los turcos, incapaces, perdían por 2-1 en el minuto 89, su crónica ya estaba instalada en la página y, de repente, Nihat hizo los dos goles más inesperados del mundo. Pero él, como cronista, respetó la urgencia, metió el bisturí a ese texto y cambió lo básico en dos minutos. Y lo hizo, recuerda, porque nunca escribe «en función del resultado», y justifica que «para eso ya está la ficha» y que su deber, como cronista, es el de elegir «un momento fundamental del partido». Y la rapidez, como ejercicio de realismo que es, «te ayuda a ganar en determinación». La ventaja, incluso, se traslada a los días laborables en la redacción, en los que un periodista, como Miguélez, vive «obligado a tomar decisiones constantemente».

2. Escuchando a Diana Krall

Ser cronista no es una bicoca. En el lenguaje de Santiago Segurola, «se trata de coger el truco a un partido que no se ha jugado nunca». Lleva más de veinte años haciéndolo, desde que empezó en *El País* o, quizá antes, en sus tiempos en *El Correo*. Y, al lado de los más veteranos, aprendió que la motivación es algo más que un sueldo: la intención de ser diferente, por ejemplo. Y, sin necesidad de leer nunca lo que escribe ni de conservarlo, Segurola logró rápido esa diferencia y admitió que las prisas jugaban a su favor. «Sí, está claro que sí, te generan adrenalina y hasta ideas». Y se acostumbró «a dejarlo todo para el final», lo que no implica que, a veces, las más difíciles, seguro, tenga sospechas sobre sí mismo.

El día de la final del Mundial 2010, España-Holanda, Segurola llegó a pensar que «sería difícil estar a la altura» en una noche fría, cerca de los cero grados, en la que no estaba abrigado en la parte alta del estadio Soccer City de Johannesburgo. Tuvo miedo a quedarse en blanco «en un partido dramático en el que todo era muy difícil». Segurola no quiso ser el de siempre. Tuvo que serlo, porque el encuentro no se decidió hasta el final, nostálgico de las ocasiones perdidas. Y cuando marcó Iniesta, minuto 116, se abrazó a los compañeros, «porque no soy tan frío como la gente se cree». Disparó una crónica en tiempo récord que a él le pareció «buena y engrasada», porque la fidelidad consiste, también, en sorprenderse a uno mismo.

En la noche, los cronistas son hombres sin retrasos y difíciles de derrotar. Un día Trueba, casi narrador oficial del *As*, comprobó que esto era como una partida de ajedrez. con una diferencia: «Aquí debes mover las fichas a toda prisa». Luego, vinieron días peores, entre la avaricia y el delirio, en los que, mientras él escribía, escuchaba las malditas llamadas de la imprenta e imaginaba «noches perversas con las bobinas de las máquinas paradas y los camiones de reparto detenidos» por su culpa. Un escenario de suspense, como si fuese Charles Laughton en *Testigo de cargo* hasta ese día en el que descubrió, o se esforzó por descubrir, sin ayuda de prescripción médica, que uno solo puede más. Ante la invasión, Trueba ha encontrado una maravillosa manera de resguardarse: los auriculares pegados a los oídos, a través de los que escucha jazz. «Me encanta Diana Krall», reconoce.

Ramón Besa admite que siente tanta pasión, que el fútbol le provoca tantas emociones que, si no ve la pelota rodar «al lado de un ordenador o un lápiz», se lía a pegar gritos. Así que le modera esa orden de las rotativas de terminar una crónica en el minuto 90 y le ayuda a desprenderse de ese acérrimo seguidor del Barça que lleva dentro. Y, si viaja al pasado, recuerda un día tan infeliz en la biografía del Barcelona como en la suya, que peleó esa obsesiva crónica en el bando enemigo. «Fue en el año 92 en el que acudí de enviado especial a la final de la Copa Intercontinental que ganó el Sao Paulo al Barça con los goles de Rai». Y memoriza, «tuve tiempo, debido a la diferencia horaria, para hacer vestuarios, los entrenadores... Estaba en la gloria: todo el tiempo era mío. Pues bien, cuando llegué al hotel y encendí el ordenador, no sabía por dónde empezar. Era frustrante. Cada cosa que se me ocurría me parecía mejor que la anterior y no había manera de arrancar. Pasé tres horas en blanco y fue agónico, sí».

José Miguélez recuerda una vieja noche, en un Valladolid-Atlético, en el que su ordenador, uno de esos de la era pasada, se quedó sin batería sin avisar. El texto, ya terminado, no llegó a meta y el periodista tuvo que improvisar y cantar esa crónica por teléfono. Desde entonces, juega con las cartas marcadas, porque escribe «las crónicas en la cabeza». Por eso luego es capaz de recitarlas, como si fuese poesía, como si la memoria fuese la de la niñez, que fue lo que sucedió aquella noche en el estadio de Zorrilla, una noche en la que Miguélez, en lugar de quejarse, perdió el miedo para siempre.

3. No sabes todo: pregunta

En la crónica también se admite todo, hasta la humanidad del periodista. «Ni la inmediatez ni la plenitud me impiden el análisis», escribió Trueba el día que España ganó el Mundial, «sólo lo dificultan». Y sí, claro, en la autocrítica hay solución. «Un día, viendo el programa de TV3, *Personas humanas*, sacaron un trozo de una crónica mía y dijeron que ese partido se podía haber jugado cualquier día y en cualquier parte. Y llevaban razón». Y a Besa le molestó, porque el nivel de hoy es alto en los periódicos, con literatura cuidadosa y metafórica.

Al fondo quedaron esas crónicas convencionales que asustan a Trueba, como profesor de la Universidad Europea de Madrid. «A veces, les pido a mis alumnos que hagan una y, cuando veo los textos que llegan a mis manos, resulta que están plagadas de tópicos. Es algo que puede hacer una computadora». Todo eso desmerece a cualquiera de estos cuatro hombres y a sus noches de locura, en las que Segurola jamás olvida su nombre: «Te tienes que exigir, porque el lector se da cuenta de todo». Ahora, en el *Marca*, es el hombre que fue en *El País*: «No dependes del medio, sino de uno mismo». Y todo eso justifica el exigente perfil de Miguélez, que aprendió de Segurola «a dar un toque atractivo a lo que escribes sin renunciar a contenido». Besa más allá. «Yo aprendí esa flema suya, esa cultura de saber preguntar. El periodismo no es saberlo todo, sino interesarse por todo, decía. Y lo aprendí de él, que justamente sabía más que nadie». Y por eso mismo todos estos son tipos que, sin ser simples, parecen simples, porque no abusan del estilo. «Me gusta escribir con frases cortas», insiste Segurola.

Correcto académicamente y atrevido, el cronista es el hombre que no se abandona. En su trabajo hay tanta creatividad que no puede ser. Lector impenitente, ayer y hoy, Miguélez lo sabe. Trabaja este género desde la niñez, temporada 80-81, una de las de Alfonso Cabeza en el Atlético, cuando escribió las crónicas de cada partido en un cuaderno. La diferencia es que hoy ya no es tan pasional como entonces. Sus hijos, incluso, se sorprenden cuando ven el partido con él («eres el único en todo el estadio que no te mueves», le dicen), y justifica que «conocer el fútbol por dentro te hace perder afición». Y, al leerle, queda la duda de qué equipo será, justo lo que pretende Trueba, «porque, de lo contrario», razona, «te conviertes en un personaje que tiene credibilidad para un solo bando». Por eso es hombre imparcial, como Ramón Besa imagina que pasará con él, al lado de ese lapicero, de esas teclas de ordenador, que moderan a un tipo con una biografía feliz. Ha sido Premio Vázquez Montalban de periodismo deportivo, premio también de admiración a semejante maestro. «Yo no sé si hice amistad con Montalbán, pero sí sé lo que dice Josep Pla. Hay tres categorías en la vida: conocidos, saludados y amigos. Y, al menos, Manolo perteneció, para mí, a una de las dos primeras categorías». Y lo admiró tanto que, sin ser su heredero, lo echa de menos. «Fue el constructor del relato de la derrota del Barça y nos hemos quedado con la duda de que hubiese dicho ahora, en la victoria, pero ya sabemos que un ataque al corazón en un aeropuerto de Bangkok se lo impidió».

Besa recogió ese testigo. Atento a todo, a sí mismo y a los demás, la consecuencia, tal vez, de juzgar a gentes y acontecimientos que la gente considera importantes, aunque Juanma Trueba sospecha que los futbolistas leen poco. «El jefe de Prensa del Real Madrid me dijo que había un jugador que quería conocerme y yo pensé "qué bien, cuántos se pondrían en mi lugar". Y fui. Y el caso es que cuando llegué a él lo primero que me preguntó es porque le había puntuado con un uno en el partido frente al AC Milan de la Champions, que había jugado muy bien. Del resto, incluido lo escrito en los textos, no le interesó nada. Y lo cierto es que las puntuaciones son notas que se ponen en quince segundos en las que, eso sí, hay unos jaleos tremendos. ¿Qué nota le pones, por ejemplo, a un jugador que ha estado bien en la primera parte y mal en la segunda?». Pero esa ya es la propiedad privada del cronista, ese hombre capaz de citarse a solas con la imaginación o de contar la historia antes de que termine.

Seamos realistas, pidamos lo imposible

Quizá sea el legado de mayo del 68, «seamos realistas, pidamos lo imposible». Quizá por eso los cronistas son tipos capaces de conducir con los ojos cerrados, que se arriesgan a lo que reconoce Ramón Besa: «a veces, es normal que alguien que te lea, diga que no has visto el partido». Por eso habla de un vértigo que no descansa jamás, que dura de por vida y que, por más que intente explicarse, nunca se podrá explicar del todo. Yo he escuchado a estas gentes tan reputadas, capaces de comparar a *Guti* con James Dean o a Zinedine Zidane con Frank Sinatra; de desarmar al lector en los mejores días con frases como «el Bernabéu se desalojó como se abandonan los cines después de una gran película, cada uno imitando al tipo que más le impactó». O de ironizar como Miguélez cuando se refiere a Forlan como «el honesto uruguayo». Y todo eso representa una valentía que, si no nace con uno, sólo se podrá adquirir con los años. Porque la escritura no sólo es talento. También es la vida que uno le presta o el convencimiento de que se escribe como se habla. El ejemplo entonces es Enrique Marín: «Cristiano es insaciable y si sus compañeros juegan para que él marque, él golea para que su equipo gane». Por supuesto, lo escribió en un partido nocturno y, más que rápido, con prisas.

El relato acepta miles de ejemplos, de experiencias vivientes, incluso desde el gol de Zarra. Pero estas prisas son cosas que sólo se conciben si se viven en primera persona. Quizá sean hasta uno de esos riesgos que esta profesión no merece perder y que hasta reconoce la nobleza de los cronistas: más vale sufrir una injusticia que cometerla. Por eso yo nunca me olvidaré de un domingo, ya lejano, y de un partido periférico en El Molinón (locales contra vecinos, Sporting contra Racing de Santander). Quizá fuese en el año 1995. En realidad, Quique Setién lo recordará mejor, porque soltó un derechazo que superó a Ablanedo, el portero rojiblanco, con todas las de la ley. Y sólo por culpa de un boquete en la red ese gol nunca subió al marcador en una tarde lluviosa y otoñal, amarga para coger con prisas unas carreteras gobernadas por camiones que iniciaban la jornada semanal.

Pero en aquellos años no existía Internet y los ordenadores portátiles amanecieron estropeados por la mañana en el periódico, sin margen para fiarse de ellos. Así que, junto al fotografo Javier Cotera, emprendí el viaje. Fuimos por la mañana y volvimos con riesgo a la noche en un viaje terco, junto al Cantabrico, de 200 kilómetros para volver a empezar pasadas las nueve de la noche. A esa hora, esperaba la página en blanco para el cronista y el cuarto oscuro en el que revelar las imágenes para el fotógrafo. Los cierres no eran especialmente exigentes en *Alerta*, diario regional, pero la noche siempre fue muy estricta. Y las horas se convierten en minutos. Y los minutos en segundos.

Reporteros | 09

Hay viejos reporteros de ayer que temen por este oficio, que lo sienten en desuso. Hay viejos reporteros de ayer como Francesc Aguilar, que arrancó a los 17 años, sin miedo al exilio. La temporada en la que Cruyff fichó por el Barça ya fue diferente, claro. Vivió 235 días fuera de casa. «Tuve que dejar *El Periódico de Catalunya*, no podía sostener ese ritmo». Miguel Vidal es otro viejo reportero, uno de los que edificó el primer diario *As* el 6 de diciembre de 1967. Antes, había solucionado con éxito la pregunta que le hizo su editor, Luís González de Linares: «¿qué me dice que quiere hacer usted si finalmente decidimos contratarle?». «¿Yo?, reportajes y, si son en el extranjero mejor». Al cabo de unos días, le pidieron que hiciese una relación de posibles temas por Europa y que pasase un presupuesto. Vidal pidió 90.000 pesetas. Se las dieron y se dedicó a perseguir mitos y a conseguirlos: Luís Suárez, Franz Beckenbauer, Bobby Charlton, Dennis Law y, sobre todo, George Best, que entonces estaba en su máximo apogeo en el Manchester United y con el que Vidal llegó a cenar en un mítico restaurante próximo a Old Trafford. Tenía esa cara y era espabilado. «A mí lo que me gusta es hacer el amor, no jugar al fútbol», le confesó.

Para entonces, Vidal se había quedado casi sin dinero. Su capital se reducía a una ficha de teléfono así que no pudo volver a Madrid en avión. Tuvo que hacerlo en tren lo que condecoraba a un potro sin domesticar, al que su jefe ya había advertido: «Vidal, aquí no queremos héroes: si hay huelga de aviones, se vuelve usted y no pasa nada». Pero él prefería ser un tipo complicado. Casi nada le parecía imposible y, antes de cerrar la maleta, elegía el misterio. Francesc Aguilar, que arrancó años después, recuerda que «antes, si ibas a pedir un viaje, tenías que convencer al director de si era interesante o no, ahora lo primero que quieren saber es si es caro o barato». Quizá sea cuestión de generaciones «y me parece que la nuestra vivió un periodismo más divertido». A los 57 años, Aguilar sigue trabajando en *El Mundo Deportivo* y se queja de que esto ya no es lo que fue. El instinto continúa, sí, pero le falta ese espacio para contar grandes historias sin el que no se puede hacer nada. Por eso, no hace mucho coincidía con Michael Robinson y se refería a él «como un bendecido del cielo» por su programa, *Informe Robinson*, en Canal Plus. «Creo que es de los pocos sitios en los que te puedes deleitar escuchando una historia. El resto es mucho "yo pienso"».

Un caudal de opinión que a Francesc Aguilar le parece abusivo. A Miguel Vidal, también. Hace tiempo que abandonó el día a día, no así el espíritu. Su pasaporte nunca vivió en paz, y eso le permitió inaugurar el periodismo en serie con viejos dioses olímpicos. Fue al África Negra, a China, a Nueva York... Viajes entonces ingobernables, de tres o cuatro escalas, y con una orientación lejanísima. Fueron años que hoy quedan recogidos en su libro autobiográfico, *Memorias de un reportero*. Allí, Vidal repasó una trayectoria que le ayudó a crear un idioma. Llegó hasta la casa de Jesse Owens en Phoenix (Arizona) o a la de Garrincha, «que estaba hecho un lío», en Bangú, cerca de Río de Janeiro. El escenario fue una pena. Vio «desorden, botellas vacías por doquier y ruidos de niños desnudos y mal nutridos». Vidal retrató a un hombre pasado de moda. El ídolo, que fue, le había abandonado. Aquella casa ya no sabía nada de ese joven que, un minuto después de aterrizar en el aeropuerto de París, preguntó: «¿cómo se llama este pueblo tan grande?». Su maravilloso regate también había emigrado a otros pies.

1. Soy realista, no nostálgico

Vidal tuvo la valentía o la suerte («un 90 % en la vida del reportero depende de la suerte») de llegar a solas a esa gente. O a la gimnasta Nadia Comaneci, la princera rabiosa, al poco de vencer en los Juegos de Montreal 76; a Pelé en Nueva York; a Bob Beamon, en San Diego, donde le vio trabajando de noche, en una sala de fiestas y sólo el Cadillac, aparcado en la puerta de su casa, recordaba al héroe que fue en los Juegos de Méjico 68. Aquel periodismo también conoció a Rocky Graziano, que ya no estaba marcado por el odio y le ofreció de su sopa («está vitaminada y le sentará bien...»); a Muhammad Alí, vestido de negro como respuesta a un mundo que veía «dominado por los blancos, hasta los ángeles son blancos»... El caudal fue memorable para un hombre, al que recuerdo descarado y tajante, con su cuota de nostalgia. Yo le conocí en su última etapa en el diario *As* y no olvidaré aquel fin de semana de noviembre de 1991 en el que salió del despacho de Rienzi, el director. Su rostro dudaba del nuevo desafío: «He pensado que podrías ir a Los Ángeles a entrevistar a *Magic* Johnson». Magic entonces acababa de anunciar que era portador del virus VIH. En esos días, parecía imposible que un periodista de otro país, al que ni siquiera conocía, tuviese acceso a él. Y, sí, aquel día lo grabé claramente. Quizá porque era un asalto a las cumbres, a ese periodismo que te prometían en la Facultad en la que yo estudiaba. En su regreso, sin embargo, Vidal pareció Cristóbal Colón. Había logrado el reportaje con una fotografía que le diferenciaba del resto de la humanidad. En ella, aparecía al lado de Magic tomando notas. Había iniciado el viaje con mentiras piadosas y casi al filo de lo imposible. «Es como pretender que te toque el Gordo sin jugar a la lotería». Pero sólo era el miedo del corazón, la presunción de inocencia.

En realidad, no se trata de idealizar a nadie, pero sí de imaginar las abundantes diferencias de ayer a hoy, de esa época que no aguantaba más. Hoy, aquellos viajes serían una locura; hoy, antes de acceder un ídolo de ese tamaño, hay que contactar antes con su gabinete de prensa, que ya te dirá; todo eso le hace pensar a Miguel Vidal que «el reportero es un oficio en extinción». No sólo a él. Hay mucha gente que insistió en ello y, entre ellos, Francesc Aguilar, que lo fue. A él le escuché desde la redacción de *El Mundo Deportivo* en Barcelona. Allí también trabaja su hijo en la versión en línea del periódico, y eso que Francesc trató de impedírselo el día en el que se decidió a estudiar periodismo, porque le asusta el futuro de esta profesión. «Veo una precariedad tremenda, muchísimo *mileurista* al que no le da para vivir». Francesc, a su manera, es de la estirpe de Vidal. Quizá sea un tipo de otra época, aunque él tampoco lo diría. «Soy realista, no nostálgico».

2. Cuéntame cómo pasó

Aguilar arrancó a los 17 años sin miedo. 40 después, posee un orgulloso pasado, capaz de saltar obstáculos. Las comunicaciones, con todo lo fácil que parecen ahora, resultaban un infierno, tantas veces indescifrable. «Yo perdí noticias por no poder comunicar». Pero también recuerda que empezó a ver la luz en el Mundial de Italia 90 cuando alquiló su primer teléfono móvil. «En España no existían, pero allí sí». Y, de esa manera, pudo diferenciarse del resto: «yo estaba cenando en Roma cuando me llamaron del periódico porque había salido una noticia de agencia, en la que se aseguraba que cuatro jugadores de Argentina habían dado positivo en el partido frente a Brasil. Llamé a Blatter, que es amigo, y me aseguró que no y pude telefonear al diario para decirles que ni se les ocurriese publicar eso». Aguilar aprendió ese periodismo al lado de José María García o de Álex Botines, «que eran unos bestias, que no te daban una lección cada día, sino cada diez minutos». Aquella gente también le enseñó a valorar el poder de la suerte. «Yo me enteré del fichaje de Schuster por el Madrid gracias al chivatazo de un emigrante gallego. El siguiente paso fue localizar a su padre en Ausburgo, donde trabajaba de ferroviario».

Era un periodismo que nos lleva a ese rincón en el que viven los antiguos. Todo resultaba más entrañable, casi un capítulo de *Cuéntame*. Aguilar encontraba a los emigrantes españoles, «al típico camarero de un restaurante, al recepcionista...» que le recibían como en casa y le hacían de guía por la ciudad. Todo muy pasional y honorable hasta que no se podía. En Sofía (Bulgaria), cuando acudió a entrevistar a Stoichkov, los del CSKA le recibieron a punta de pistola. «Se creían que era un directivo del Barça». Antes, para entrar en el país, había tenido que engañar al hombre de la aduana «con 50 dólares y un banderín del Barcelona». Pero ése era el precio de perseguir las historias. «Iba uno sólo y tenías que reparar dificultades continuamente». Eran reporteros muy difíciles de vencer, como los de las películas de Billy Wilder. Viajeros jóvenes, solitarios y cuidadosos con lo que pretendían. Tenían un destacable derecho a la intimidad. Amistades veraces, incluso, como las de Lothar Matthäus o Michel Platini para Aguilar. «Yo llegué a ir a comer a su casa».Y con estos datos no trata de reivindicar nada. Al contrario. Toda esa información sólo le ayuda a preguntarse si «¿sería ahora posible hacer eso mismo con Özil, el futbolista alemán del Real Madrid? No, lo creo, llamas, preguntas por un jugador y no hay manera. ¡Están siempre ocupados!».

3. Hasta el corredor de la muerte

El viaje podría continuar casi hasta el infinito. El pasado no tendría fin: uno siempre encontraría a periodistas de ayer, solos y abrigados en la nevada Europa hablando un idioma extranjero. Con sus penalidades, tratando de convencer a propietarios de los bares de que les dejasen desmontar el teléfono para conectar su línea y mandar la información. Llamadas también a cobro revertido, crónicas improvisadas, taquígrafos al otro lado, y tiempo, muy poco tiempo antes de que cayese la noche. Un escenario todo corazón, que regresa a una vieja época, a pellizas con cuellos de piel de borrego, tonos ocres y pantalones muy anchos. Y en esa época, ya vencida, los medios sacaban historias propias que les diferenciaban del resto. Y no se trata de que ahora no las haya, pero menos.

Uno, de los que no ha abandonado el fortín, sería David Alonso. O, al menos, se trata del que yo he escogido por una idea razonable. Le conocí a primeros de los 90 sacrificando horas de verano en los entrenamientos del Real Madrid de Benito Floro en la Ciudad Deportiva. Era un becario de la

Cadena SER. Luego, pasaron años en los que no volví a verle. Sabía de su afinidad al periodismo de antes y de la reputación que ha logrado en esta profesión. David Alonso es ahora redactor de *El Larguero*, donde maneja libertad y deber. Su función es encontrar historias con el corazón partido. Por eso no suele esperar a que el diablo venga a recogerle. No se separa del teléfono móvil ni en el gimnasio por las mañanas y hasta pacta entrevistas en vacaciones. David ha llegado con su grabadora al Corredor de la Muerte «después de siete meses de solitarias gestiones», en las que no se cansó de descubrir nuevos contactos. Al final, lo consiguió. Y allí, a través de una mampara, estuvo una hora con Pablo Ibar, sobrino del célebre boxeador Urtain y recluso L-31274, desde hace más de una década, en la prisión de Raiford, esa cárcel de Florida en la que los hombres, si nada lo impide, están a la espera de ser ejecutados.

David Alonso ya leía a Vidal de niño. «A los seis años, no me separaba del *As* en la furgoneta de mi padre». Después, cuando fue un adolescente, se la jugó con esta misma canción de amor. Sus padres, que presumían la misma precariedad que vio Francesc Aguilar, trataron de desertarle el día que les dijo que quería ser periodista, «porque no tenían claro que fuese una profesión de futuro». Pero, desde primera hora, les advirtió que su deseo no estaba en venta. Y, cuando entró en la universidad, no paró de batallar. Al principio, no se sabía si era impaciencia; luego se descubrió que era instinto, y muy posiblemente Vidal, el reportero de la aventura, editó páginas centrales suyas en el *As*. «En mi etapa universitaria, llegué a publicar hasta diez reportajes, pero es que no paraba de ir y de dar la lata a esos señores mayores que estaban en la redacción».

Han pasado casi 20 años, en los que el periodismo, que se lleva ahora, se hizo adulto. Pero, a su manera, Alonso reivindica el pasado. Sólo le diferencia la ropa más moderna, sofisticada y el teléfono móvil en el bolsillo, claro. Por lo demás, sigue igual. Como pasaba con los periodistas de ayer, nunca llega a casa antes de la una y media o las dos de la madrugada. También ha de hacerlo con sigilo para no despertar a sus hijos, que ya están dormidos. Su crónica de vida, efectivamente, parece exigente. Si fuese otro, se justificaría que buscase urgentemente un trabajo sin tantos vicios. Pero resulta que David es un ciudadano feliz que aún conserva el niño que fue. La diferencia es que entonces imaginaba que su cuartel general estaría en los periódicos. «No me veía para la radio; me parecía malísimo». 20 años después, tiene su propio autorretrato, un corazón de viaje y un pasado bucanero que lo ha llevado a dar varias vueltas al mundo.

Los años pasan, pero su periodismo no pasa de moda. En su biografía, como en la de Francesc, también hay 200 días al año durmiendo en hoteles. El único personaje de los que ha intentado que no ha logrado entrevistar es Michael Jordan. «Cuando vino a Valencia, al Mundial de motociclismo, llamé a su representante y me dijo que era imposible, "tiene 400 peticiones". Sí me ofreció que, si lo deseaba tanto, Michael me recibía como fan, no como periodista. Cogí el coche y fui directo a Valencia, con todas mis camisetas de los Bulls, y le advertí a mi mujer que, si las fotos salían mal enfocadas, sería motivo de divorcio».

Alonso ha logrado llamativas historias antes que los demás. La primera y gran premisa. Juega con la fecha de caducidad. Y luego será la noche la que justificará su trabajo como aquella vez en la que apareció el ex futbolista chileno Franklin Lobos, uno de los 33 mineros rescatados de la cápsula de Fénix en el yacimiento de San José (Chile). Tenía una voz sincera, de las que nunca más se olvidan, «la gente decía que hablaba poco». David Alonso también logró a Fernando Cáceres, el futbolista al que pegaron un tiro en la cabeza en Argentina. Ha conseguido en directo, además, a Usain Bolt, a Lance Armstrong, Valentino Rossi, Antonio Banderas u Óscar de la Hoya.

Gente que seguramente también los hubiera logrado ahora Miguel Vidal. La diferencia es que, en estos tiempos, ya no se trata de un viaje con brújula y a la aventura, sino de mil y una gestiones. Un periodismo, en suma, de corazón y de batalla, que le hace dormir a Alonso con el teléfono pegado al oído y prosperar en una agenda que no debe parar de crecer. «Es así», explica, «aquí debes estar pendiente del contacto que hiciste cuando estuviste en Pekín, de recordar a esa amistad que tienes en Nueva York. En fin, se trata de un proceso muy largo». Porque una cosa es la entrevista que se escucha por la radio. La otra el tiempo que se tarda hasta conseguirla y la cantidad de contactos que se necesitan. Pero esa es la maravillosa soledad del reportero, que ni te mata ni se muere.

Iniesta es Dios 10

1. La banda sonora

Carlos Martínez realizó la primera retransmisión de Canal Plus en 1990. Lo recuerda como si fuese hoy, «un combate entre Mike Tyson y Tillman que duró un minuto y catorce segundos». Y después vino el siguiente, «en el que Foreman cayó en el segundo asalto». Y ahí se acabó todo. Y no hubo manera de prolongar la voz. Y se quedó como un niño sin premio, porque era la primera vez, la que se esperaba con una impaciencia especial. Y, en cuestión de minutos, segundos casi, su voz no tenía razón de ser. «Si la película se acabó tan pronto, no tenía sentido que la banda sonora siguiese más tiempo». Pero frente a los espectadores, Carlos Martínez ocultó su desánimo, porque los narradores son así. Cada tarde se inventan «para acompañar y no molestar», dice. Sus voces transmiten una imagen optimista de sí mismos. De alguna manera su pasión también es la nuestra y, por lo tanto, el trabajo es compartido. No sólo son hombres prácticos.

También son poetas de cabina, domadores del gol, apasionados del área y de sus esquinas. Todos los estilos valen. Sólo se sabe que, en el fondo, desembocan en el mismo lugar: la esperanza de lo que puede pasar y la verdad de lo que pasa. Con ellos, Iniesta puede convertirse en Dios en Sudáfrica. Y, sobre todo, son tipos de reacciones rápidas que comparten su felicidad de manera hábil y democrática. «El narrador es la emoción en persona», señala Gaspar Rosety, cuya época se asociará siempre a la radio de García. Hoy, nueve Mundiales después y más de 3.000 partidos en la memoria, no aspira a lo inolvidable. Y, al elegir un día especial, no aterriza en un campo de fútbol: «fue cuando subí a la presa de Tous en Valencia. Se estaba derrumbando y contribuí a salvar vidas».

En realidad, se hace difícil aceptar que lo que hacen sea sólo un trabajo, enemigo de nada, partidario de todo. Y, muy especialmente, de un estilo que Manolo Lama, ahora en la Cadena COPE, se niega a personalizar en sí mismo. Se declara jugador de equipo y, como tal, hace lo único que sabe, «una radio colectiva y no individual». En el pasado, Carlos Martínez trabajó al lado de Lama en la radio. Eran otros tiempos. «Él era de una generación anterior a la mía en esos Gabinetes de Estudios y Ciencias de la Información que organizaban la Cadena SER y Caja Madrid. Y, sí, Lama narraba y yo hacía los inalámbricos, sobre todo en los partidos de baloncesto. Recuerdo aquella final en Grecia de la Recopa entre Real Madrid y Snaidero de Caserta, en la que los 44 puntos de Óscar Schmid fueron insuficientes, porque Drazen Petrovic hizo 62 para el Real Madrid. Y, sí, es como si viese ahora a Fernando Martín, con una lesión en la mano, aparecer casi al final, como un caudillo, para animar a los compañeros».

El destino quiso que, después, Carlos Martínez aterrizase en Canal Plus como uno de sus fundadores. «Desde entonces, ya llevo más de 1.000 partidos». Y, como no se olvida de Mike Tyson, recuerda que «en el fútbol, como mínimo, tienes 90 minutos de retransmisión garantizados». Manolo Lama, sin embargo, ha pertenecido siempre a la radio, a sus divertidas narraciones. Su aroma arrancó en el baloncesto en los 80 en una época en la que José Bermejo o Héctor del Mar lideraban las transmisiones de fútbol de la SER. Lama tenía, además, esa vocación por el básquet que lo hizo creíble rápido. Había jugado con Fernando Martín en el Magariños. Luego, vivió en directo su debut en la NBA en Portland. Y, es más, no sabría decir si esto es lo mejor que le ha pasado en el periodismo, pero podría ser.

Y eso que él ha narrado a la selección española, campeona de Europa y Mundial; ha estado con *Epi* [Juan Antonio San Epifanio] la noche antes de encender la antorcha olímpica en los Juegos de Barcelona 92 o ha entrevistado a solas a Maradona en un vestuario. «Son tantas cosas...», resume Lama, un hombre que en la radio encontró a los ojos de la mujer amada. Y hoy, claro, no sabría separarse de ella. «Si se piensa bien, es un medio en el que no existe ninguna barrera», añade. «Se puede jugar con los sentimientos del que te escucha más que en cualquier otro lado». Carlos Martínez, sin embargo, pertenece a otro hábitat. Él también se emociona en televisión. «Y, a veces, siento hasta el éxtasis como con el gol de Iniesta en Sudáfrica o el de Fernando Torres en Viena, en esa carrera con Phillipp Lahm». Pero la televisión es distinta. «El espectador está viendo el partido. Hay días que hasta prefiere el sonido ambiente». Se diría que su trabajo tiene más vigilancia: «yo entiendo que, como narrador, represento a la banda sonora de esa película, que es un partido, y me limito a contar, no a suplantar, lo que hacen los creadores de la película».

Lama no sólo precisa de grandes medios. «Con un micrófono o un teléfono, puede ser suficiente». También tiene más libertad, quizá hasta romanticismo, porque sólo está sujeto a sí mismo. «Me dirijo a alguien que no tiene la posibilidad de ver ese partido. Por lo tanto, el guía soy yo y se trata de contar lo que veo, que puede o no coincidir con lo que ven los demás». Rosety insiste en que la narración tiene «su parte artística. Se trata de dibujar con palabras, cargadas de emoción y sentimiento, lo que sólo tu estás viendo». Y, a partir de entonces, se genera un debate entre radio y televisión, que resulta muy oportuno.

El día que hablé con Juan Carlos Rivero se lo propuse. La suya es una biografía importante en TVE. Aterrizó en 1989. Cuando se prejubiló José Ángel de la Casa se convirtió, decididamente, en uno de sus herederos. Tiene esa ambigüedad, porque él sabe lo que es la narración radiofónica. Lo hizo en su época de Radio Cadena Española. Por eso explica: «en la televisión, la transmisión es la imagen, debes estar a la altura de ella y, por lo tanto, es más difícil. Es como si en todos los momentos tuvieses a alguien pegado a ti, y no es fácil. A veces, me siento como Messi en el césped, rodeado de defensas, y sólo quiero pensar que he aprendido a vivir así».

2. Atracón de pipas y aceitunas

De fácil, nada: narrar un partido es más difícil de lo que parece. Todo va muy rápido. Un siglo dura un instante. Carlos Martínez lo sabe desde que Tyson acabó con su primera retransmisión en 74 segundos. Y, por encima de lo imprevisible, Lama reclama algo innato, sin lo que no hay nada que hacer. «Es como si mañana yo me quiero dedicar a la pintura. De entrada, se supone que deberé tener algunas facultades, no se trata de decir por decir, quiero hacer esto y ya está». Martínez está de acuerdo: «yo siempre digo que este trabajo carece de mérito. Es como un oficio, un don que se tiene o no. Yo, por ejemplo, no he visto a nadie que escuche sus propias grabaciones para mejorar». Y como este es un locutorio sin dogmas, resulta que Rosety no impone lo innato sobre todas las cosas. «En mi caso, tuve la suerte de heredar de mi padre una voz peculiar, pero el ritmo es cosa de cada uno».

Juan Carlos Rivero se refiere a una criba natural: «si no tienes esas cualidades, no te va a elegir nadie, esto no se regala en una tómbola». Antoni Daimiel, la voz de la NBA en Canal Plus, también se incorpora al debate. «Se trata de una ciencia compleja que depende mucho del partido». Y Juanma de la Casa, el último en llegar, habla de un estilo propio que en su caso fue difícil. Tuvo que derrotar al pasado: «al principio, trataba de imitar a mi padre hasta que me di cuenta de que debía ser yo mismo». Después, la experiencia hace de abogado. «Yo empecé retransmitiendo partidos de baloncesto», recuerda Lama, «y puedo asegurar que es bastante más difícil». Rosety habla de una tesitura peor, la suya: «narré seis años el basket sin saber distinguir las jugadas más importantes». Daimiel si sabía el día en el que se inició en este deporte en 1993 cuando Canal Plus compró los derechos de la Liga Universitaria de Estados Unidos. «Alfredo Relaño nos hizo una prueba a Segurola, como comentarista, y a mí para uso interno. Narramos, lo vio, le gustó y en marzo de este año ya estábamos retransmitiendo la Final Four». Daimiel era entonces una novedad; hoy, es una parte más de la magia del básquet. «Quizá porque molesto poco», ironiza.

Juan Carlos Rivero todavía se acuerda de aquel día en Bucarest, a primeros de los 90, con Azkargorta de comentarista. Sus pulmones sólo cosechaban piedras sin punto y aparte: «no teníamos las alineaciones, empecé a hablar rápido, sin respirar y creí que me moría». Al principio, todos esos miedos son lógicos. Uno puede pasarse de frenada. Pero los inicios tienen estas cosas. Lama también se acuerda de aquel partido en Timisoara. Fue incapaz de contener las ganas de orinar. «Tuve que hacer pis en una botella de agua; de lo contrario, no sé lo que hubiese pasado». Otro día más reciente apareció en la cabina, «después de un atracón importante de pipas y aceitunas», y con la boca seca y desleal. Por eso el apetito no ha vuelto a fallarle. «La clave está en beber mucha agua». También protege su salud. «Aunque no lo parezca, esta profesión es cruel con los años». Su manera de defenderse es de lo más natural: «yo siempre trato de dormir mucho». El futuro nunca se puede perder de vista. «Yo no utilizo tanto la voz como en la radio», acepta Rivero, «pero hay días en los que acabo afónico». Juanma de la Casa analiza su caso, también en televisión: «gastas mucha saliva y la garganta te pica». Por eso siempre está acompañado por dos botellas de agua de litro, en las que reposa la voz del narrador, quien recuerda sus años en la universidad Francisco de Victoria. «Tuve una profesora, que era actriz y nos daba radio. Nos enseñó a proyectar, a hablar con el diafragma». Descubrió que sus cuerdas vocales se inflamaban menos. Adoptó para siempre esa idea, porque «¿cuánto tiempo puedes estar tirando de la garganta? ¿Cinco, seis años?». Y la respuesta parece evidente.

3. En un espacio *minimísimo*

El origen, a veces, es un misterio. «De niño, iba poco al fútbol, pero sí es verdad que jugaba mucho», recuerda Carlos

Martínez. Luego, entró en la SER, «donde ayudaba, presentaba programas, en fin todas esas cosas». Y coincidió con Manolo Lama, cuya infancia sí imaginaba una única vocación. «Era un devorador de revistas y periódicos deportivos. Me sabía hasta lo que pasaba en el Cinco Naciones de rugby». Su personalidad le acompañó al periodismo. Fue espabilado y destacó pronto. «Siempre he pensado que todo el mundo tiene su oportunidad: unos son capaces de aprovecharla y otros no». 30 años después, conserva esa ambición. «Ha pasado tiempo desde que di la última primicia», lamenta. «Fue cuando dije que Schuster dejaba el Madrid y le sustituía Juande Ramos y, sinceramente, me parece demasiado».

Apasionado de «Matías Prats o de Víctor Hugo», Gaspar Rosety empezó en 1975, a los 17 años, «alguien dijo que era bueno». Después, comprendió la ideología de este trabajo. «No se enseña a narrar: se aprende solo». Y vio que no debía parecerse a nadie. «Sólo no aprende aquel que copia a los otros». Hoy, director de medios de la Federación Española de Fútbol y profesor en la Universidad Europea de Madrid, Rosety imagina que ya no volverá. «Todo tiene su momento. Yo llegué a retransmitir siete partidos en nueve días». Carlos Martínez, sin embargo, pertenece a otra época. Fue en 1991 cuando descubrió que tenía esa facultad «para encontrar la banda sonora ideal». Y profundizó, certificando que un narrador representa los hábitos que nacen el primer día y continúan después. Todo eso identifica una personalidad feliz, la suya, y hasta una sociedad como la que forma con Michael Robinson. «La clave está en entender el papel que desarrollamos cada uno». El único año en el que no coincidieron fue el primero de Canal Plus. «Entonces el comentarista era Valdano hasta que le llamaron del Tenerife e inició su andadura como entrenador». Fue entonces cuando se incorporó Robinson. Y entre Carlos Martínez y él equilibraron el poder. «Sí, porque yo me dedico a narrar y él a analizar, porque tiene que ser así: me resulta difícil imaginar a un narrador que se ponga a analizar. Es más: diría que ni lo concibo».

Juanma de la Casa vive este trabajo desde niño, como si se tratase de una herencia. Por eso sabe que las emociones no se exportan. Su padre es el hombre que ni más ni menos retransmitió el 12-1 a Malta en TVE, de la voz quebrada en el último gol de Juan Señor. No hace mucho, Amstel, una casa de cervezas, le pidió realizar un spot publicitario en el que cantase, de nuevo, ese gol que clasificó a la selección para la Eurocopa de Francia en la Navidad de 1984. La intención era igualar al pasado. La realidad es que sólo existió el intento. «Creo que estuvimos una mañana entera en un estudio de grabación, pero vimos que no quedaba igual», señala De la Casa, una biografía sin fotocopia, que explica: «cuando cantas un gol se refleja lo que sientes en ese momento, y eso es irrepetible». Carlos Martínez habla entonces de «una emoción contenida, en la que no se puede perder el control». Y no siempre es fácil. «Los narradores también son aficionados al fútbol». Pero quizá él lleva tantos años al lado de Robinson que «hasta los errores resultan divertidos». «Michael, excepto el acento, tiene un castellano muy rico, una lógica aplastante en todo lo que dice, pero de vez en cuando se inventa expresiones que no existen. Yo todavía me acuerdo, y eso que han pasado años, de aquella vez que Míchel regateó en una baldosa a tres jugadores. Él, sin embargo, dijo que se había ido en un espacio *minimísimo*, palabra que no existe, pero...».

El hijo de De la Casa es compañero de ambos en Canal Plus. Tiene, por lo tanto, un espejo más en el que fijarse. Pero por ahora su paciencia carece de prisa por hacerse mayor. Comenzó retransmitiendo partidos de ligas extranjeras, desde un París Saint Germain-Metz hasta un Bayern de Munich-Schalke 04, en Canal Plus en el estudio, donde se enfrentaba a problemas graves. «A veces, no tenías alineaciones, otras no veías el número de los jugadores o no sabías quien había metido el gol, porque, claro, sólo ves lo que te enseña el realizador». Ahora, retransmite los partidos de la Liga Adelante y es otra cosa. Viaja siempre «y en el campo puedes ver lo que te apetezca».

Juanma, de 31 años, ya reconoce su propio perfil. «Cuando empecé supongo que era más anárquico o que me costaba más marcar los tiempos. El caso es que mi padre me cogió un día y me dijo: "¿sabes lo primero que tienes que hacer? Situar a los equipos para que el espectador no se confunda"», señala Juanma, que ya representa la fidelidad a uno mismo. «Al final, ganas con los años el oficio. Y luego ya no lo pierdes nunca», señala Juan Carlos Rivero, el mediano de tres hermanos de una familia del barrio de Usera en Madrid. El niño jamás dudó su lugar: «yo quiero ser contador de cosas», prometía y, en su juventud, casualidades de la vida, lo último que quería era dedicarse a deportes. Pero ya se sabe que el destino surge, a menudo, por los caminos que tomamos para evitarlo. Rivero ahora no sólo es hombre de televisión. También lo es de fútbol y de sus retransmisiones. Aprendió de todo lo que deja cicatriz. Aprendió también a ser mejor y a no impacientarse.

«Hay que partir de la base de que, hoy en día, la retransmisión de un partido se ha convertido en un programa y en un programa complejo, además». Y, en ese escenario, interviene la figura de los comentaristas: «pero no te puedes olvidar de que el profesional eres tú. Él sólo es una ayuda de la que debes sacar el máximo provecho y a la que no puedes dejar a la intemperie. Él tiene más libertad; tú, sin embargo, debes preocuparte del ritmo, de valorar como se acompaña a la imagen y también del resto de compañeros». Todo eso selecciona el resultado final y días inolvidables. Rivero se queda por ahora con el oro olímpico de fútbol de Barcelona 92 y el gol de Francisco Narváez, Kilo, en el último minuto. «Yo había seguido a ese equipo».

4. Andrés Montes improvisaba

En realidad, todo vale, la narración es de lo más democrático que existe. Ayer y hoy, siempre. Y Antoni Daimiel, que ha vivido el proceso, lo sabe. Comenzó en el periodismo a los 20 años, sin la más mínima formación en televisión. Fue en un Osasuna-Sevilla en El Sadar, al que le mandó Relaño, director de *El día después* en Canal Plus. Hoy, sin embargo, suma casi 20 años retransmitiendo partidos de baloncesto. Ha aprendido de todos los días, de los de azúcar y de los de sal. «Se trata de ayudar al espectador, de molestarle lo menos posible y, sobre todo, de tener claros los conceptos: no es lo mismo divertir que hacer gracias». Analiza su caso, que es diferente al del resto: «los partidos de la NBA son de madrugada y tienes que ser didáctico y hacerlo llamativo para atraer al público y conseguir que no se duerma que, en principio, es el factor de riesgo más alto al que te enfrentas». Y se acuerda entonces de un artista: el fallecido Andrés Montes: «él jugaba con esa baza. A veces, pegaba subidas y bajadas constantes y, de pronto, soltaba el bocinazo. La experiencia demostró que su recurso era muy bueno para mantener a la gente en tensión. Yo, sin embargo, bajaba el tono y creo que no hacíamos mala pareja».

Fueron más de diez años haciendo NBA entre los dos. Daimiel dedica una memoria cariñosísima a esa etapa: «fueron también muchos viajes a Estados Unidos en los que siempre le recuerdo acompañado por un maletín lleno de medicamentos. Estaba fatal. Le habían quitado un riñón, era diabético, había tenido una angina de pecho... Eran 20 días en los que pasábamos casi todas las horas juntos. ¡Llegamos, incluso, a meternos en lugares muy poco recomendables!». Pero, sobre todo, se acuerda de aquellas narraciones en las que Montes le desbordaba: «se realimentaba él solo y era incontrolable. Era de mucho improvisar, de poca planificación, y todas esas historias de los motes que no pensaba previamente. Yo era el primero que le oía. Luego, lo repetía tres veces más y, si tenía buena aceptación y no se le olvidaba, continuaba. Y, sobre todo, recuerdo que dependía mucho de su estado de ánimo, que era una de las consecuencias de la salud que tuviese ese día». Al final, sin embargo, siempre aparecían esos días en los que «la vida era maravillosa». Daimiel se acuerda de escucharle sus últimos años en La Sexta para retransmitir fútbol. «Andrés seguía igual, porque ya tenía el personaje creado y, sobre todo, él concebía la idea de que había que llamar la atención para atraer al público».

La realidad es que su deseo volaba en paz. En él había héroes, vidas ajenas y amores compartidos. El corazón importaba mucho, tanto que no se olvidaba nunca. Y se sabía lo que siempre se supo: en la pasión está el origen de una hermosa amistad. Y no se sabe si esta vida desgasta tanto o no, si fortalece o perjudica a sus corazones, pero Manolo Lama sí sabe que él ha llegado a narrar con fiebre. Y es posible que, incluso, en esos días, pareciese el de siempre. Y seguramente será ése uno de los riesgos del optimismo. O de estas gentes optimistas por naturaleza. «Porque no sólo se emocionan los que me escuchan», recuerda Carlos Martínez, «yo también lo hago». Y así, claro, siempre se podrá confundir a Iniesta con Dios.

Días siempre normales | 11

1. Ni un resfriado siquiera

El año 89 fue el de los milagros. Cayó el Muro de Berlín; se desintegró la vieja Unión Sovietica y Camilo José Cela, cuando ya no lo esperaba, obtuvo el Premio Nobel de Literatura. Y, sin necesidad de licenciarse en Historia, el joven Juan Carlos Rivero ya sabía que los milagros son así, obra y gracia de un destino que palpita a su manera. En contra de lo que siempre imaginó, él se dedicaba al periodismo deportivo y ese año pasaba a la redacción de TVE donde había gente con un perfil tan alto como Matías Prats. Matías había estudiado hasta tercero de Derecho con la idea de ser diplomático algún día pero por el impulso de su legendario padre y el destino incorregible, quedó unido al periodismo. En aquella época, los jóvenes como Rivero, once años menor, sentían adoración por aquel fenómeno, que pronto rehuyó de las palmadas en la espalda. Al principio, le gustaban, sí, «quizá por la edad que tienes o por tu propio egoísmo», pero después Matías se dio cuenta de que sólo era lo más fácil, no lo mejor.

El año 89 tampoco se olvida para Ramón Fuentes que se pegaba a la televisión mientras el Muro de Berlín se derrumbaba. En su horizonte se dibujaba una idea más feliz, la de ser periodista deportivo, como ese simpático vecino suyo, José Joaquín Brotons, que no sólo representaba una biografía total sino que también parecía un bello carácter. Brotons ya aseguraba entonces que cuando la situación había sido adversa él nunca se puso de rodillas ni vendió su opinión por un trabajo. Además prometía que le encantaba trabajar con gente joven, porque «les robo su vitalidad y les entrego mi experiencia». Ramón

Fuentes, ya licenciado, lo comprobó de primera mano, en sus ocho meses de prácticas en Telemadrid.

Allí, Brotons era un hombre importante como director de Deportes. Su figura comprendía el magisterio de años y de gentes como Vicente Marco, José María García, Iñaki Gabilondo, Alfonso Azuara o Mariano de la Banda que le enseñaron a ser como era. Y el jovencísimo Ramón Fuentes rememora al tipo paciente que una vez le pasó a su despacho para diferenciar entre valientes e imprudentes. «Fue la bronca más importante de mi vida y, mientras lo hacía, recuerdo que me dije a mí mismo: "esta vez no tienes disculpa, Ramón, la has cagado de verdad"».

Cuando sucedió aquella bronca, a mitad de los noventa, la Ley de la Televisión Privada ya había liberalizado un mercado que ya entonces poco tenía que ver con el que había conocido Juan Carlos Rivero en sus inicios en la *tele* pública en 1989. Pese a su juventud, casi 30 años, él no era un recién llegado. Arrastraba una experiencia de cuatro cursos en Radio Cadena Española, «una amalgama heredera de emisoras del Movimiento», donde había triunfado como enviado especial en los Juegos Olímpicos de Seúl 88. Rivero ya se conocía, se aceptaba y se superaba, incluso, en una época que recuerda con cierta melancolía. «Los entrenamientos de Real Madrid o Atlético, por ejemplo, se seguían por teléfono». Y se acuerda de llamar a un empleado del club para que le pusiese al día. También a los mismos jugadores a sus habitaciones en los hoteles de concentración.

Lo que no recuerda, de ninguna manera, es de que el deporte dispusiese de bloques específicos en los telediarios. Eran otros tiempos, en los que la información caía literalmente del cielo, «las cintas de vídeo de los resúmenes de los partidos las arrojaban desde un helicóptero en Prado del Rey» como ya lo habían hecho en la época de Mari Carmen Izquierdo (la mujer pionera en la información deportiva). Y cómo también seguían cayendo en los primeros tiempos de José Ángel de la Casa en *Estudio Estadio*.

También memoriza aquella noche en la que sustituyó a J.J. Santos en la tercera edición del Telediario, que presentaba María Oña. «Se me disparó tanto el corazón que creí que no podría ni hablar». Y, en aquel mundo, las leyes del capitalismo eran bastante más tímidas. «Yo no escuchaba a nadie hablar de audiencias». Y, aunque esa obsesión por las cifras ha traído sus elementos negativos, él encuentra una ventaja frente a una época en la que los periodistas tenían un problema porque «no sabían lo que valían porque no se podían comparar con el resto». Pero hablar de aquella época es como regresar a la prehistoria, a un periodismo que ya no existe. Todo era más pacífico entonces y hasta las prisas aceptaban un lugar para la paciencia.

Ramón Fuentes no conoció nada de eso. Si acaso, lo que le contaba Brotons mientras le enseñaba a enamorarse de este oficio. Cuando fichó por el equipo de deportes de Tele 5 en 1999 sí que se hablaba de audiencias. La vida había cambiado. Rivero se daba cuenta de que la competencia le ayudaba a mejorar. La información encarecía el esfuerzo. Los futbolistas de elite, que atendían por teléfono a los periodistas, pertenecían a una extraña categoría. Ramón Fuentes no sólo lo imaginaba, también lo vivía. Entonces ya era algo más que una vocación: había aprendido la misión del periodista como enviado especial de Onda Cero en el Mundial de Francia 98. Años después, se liberó de todos los miedos en los Juegos de Sidney 2000 cuando retransmitió, desde una plataforma digital, tiro con arco, lucha libre o greco-romana.

Desde entonces, ha pasado más de una década, en la que Juan Carlos Rivero ha aprendido a administrarse a medida que el pasado se ha ido yendo. Un día apareció el periodista multimedia y aprendió a vencer o morir: «o te renuevas, o te quedas fuera de mercado». Ramón Fuentes también atendió al mismo proceso. Pese a ser más joven le bastaba con retroceder a sus primeros años en los informativos de Tele 5 donde «al principio, dominaba la información pura y dura».

Entonces aparece un tercer hombre, Felipe del Campo, que en el año de los milagros, 1989, sólo era un chaval de doce que, eso sí, devoraba toda la prensa deportiva que admitían sus ojos y su economía de niño. En 1999, cuando Fuentes llegó a Tele 5, Del Campo ya era un estudiante de periodismo que se ofrecía a hacer prácticas hasta en el Macizo Central. Y hoy, a los 34 años, al amparo de la nueva televisión digital terrestre (TDT), es director de Marca TV, donde su presencia anuncia la primavera. «La gente, efectivamente, se sorprende de mi juventud».

Pero quizá sea la consecuencia de los nuevos tiempos, que ya no desconfían de las esperanzas de los jóvenes o de una generación que Juan Carlos Rivero, simplemente, admira. «Me sorprende la osadía de los nuevos. Tal vez es el efecto de una época más difícil frente a nuestros inicios en los que pese a la dureza teníamos el puesto más seguro». Y agradece esas motivaciones tan altas, capaces de pensar antes en sí mismas que en los recuerdos. «Significan otro estilo que te hace recordar que cualquier tiempo pasado no tuvo por qué ser mejor». En realidad, no es nada personal, sólo es una cuestión de negocios, que ha cambiado el mundo de la televisión. Ramón Fuentes lo vive a diario. Ahora, tiene más responsabilidad, porque coordina cámaras, edita, presenta y sabe que «el espectáculo está en la belleza de la imagen». Y, sin eso, amenaza un día perdido, sólo para supervivientes y de los que no convencen ni a empresario ni periodista.

Como precio de tanta evolución TVE perdió lo que siempre tuvo: los derechos de todas las retransmisiones deportivas. Rivero, que había sido enviado especial en los Mundiales de Italia 90, Estados Unidos 94 o Francia 98, no ha vuelto a ninguno más. Su nostalgia, que cicatrizó, no se arrepiente. Se acordó de lo que decía García Márquez, «no llores por lo que se perdió, sonríe por lo que sucedió» y se dio un baño de realismo. «Era algo que tenía que pasar desde el día en el que se liberalizó el mercado». Ramón Fuentes ocupó el lugar, que antes fue de Rivero, en el último Mundial de Sudáfrica

2010. Trabajó en el IBC de Johannesburgo, el cuartel general de la prensa internacional. Desde allí, coordinó a todo el equipo de redactores de Tele 5. Sólo salía «un minuto por la mañana en televisión y 30 segundos por la noche», pero eso sólo era el escaparate.

La realidad, entre amplias avenidas, se llenaba de exigencias, 40 días seguidos, 46 personas de lunes a domingo, expuestos a todo, a solo dos o tres horas de sueño. «Era un trabajo en la recámara». El resultado fue maravilloso «como demostraron los ocho millones de espectadores que siguieron el post partido el día de la final con todo lo que había que celebrar en la calle».

2. Hay que pisar área

La fuerza fue increíble. Pero en esa industria, que es la televisión, el reloj difícilmente se detiene. A su lado, existe un juez incorregible que no ama como uno quiere. «Cada día recibimos un comunicado interno de la dirección, donde se registran las audiencias de todos los programas del día anterior minuto a minuto». Frente a las cifras, no vale especular con la victoria o el fracaso. La última frontera pertenece a uno mismo. El tratado de amistad no existe. «El día que no te acompaña la audiencia te hace reflexionar», señala Fuentes, «aunque ya no te frustra». El proceso quizá va más allá e, incluso, un hombre, como Matías Prats, con miles de informativos en su vida, aún dice que le parece más relajado retransmitir un partido de fútbol, de golf o de tenis.

Y, aunque en el deporte no hay que ocultar las lágrimas que origina una guerra o un terremoto, Rivero reivindica que no siempre es fácil. «Todos tus días, independientemente de lo que te haya pasado en casa, tienen que ser normales». Tampoco escucha la misma libertad para envejecer que un cronista de periódico. «Al fin y al cabo, vives de la imagen». Y no puede arriesgar, «cuidado con coger un resfriado» lo que origina, en uno mismo, una disciplina casi militar que provoca que Ramón Fuentes no falte casi ningún día en el gimnasio. «Y soy de los que suda la camiseta». Pero la vida de la televisión tiene estas cosas que convierten a sus presentadores en bellos y educados caballeros.

Fuentes coincide ahora, casi a diario, con J.J. Santos, su jefe de deportes en Tele 5, del que envidia «su capacidad de precisión en directo». J.J. Santos, en realidad, fue un hombre que estudió primero de Medicina para satisfacer a su familia. Después, se dio cuenta de que la vocación existe y no es una farsa. Apareció en Radio España diciendo al mítico Andrés de Sendra, «yo valgo para esto». En una época posterior de su vida, trabajó como subdirector de Relaño en *As*. Y, claro, recuerda aquellas reuniones a ciegas de la mañana, esas 40 páginas en blanco, y no se parece a lo que pasa con la televisión, «donde ya tienes una referencia que son los cuatro diarios deportivos». Por eso cada medio tiene su cosa y Felipe del Campo acepta todos estos debates con una pasión incorregible. Quizás sea la pasión del amor que acaba de nacer, que no cree en verdades únicas ni en luchas finales. «Ahora, se pelea el instante, la décima y la centésima», dice cuando habla de la audiencia. Y aquellos tiempos, en los que se hablaba a largo plazo, se marcharon a otro planeta. «Se potencia lo que funciona. Lo que no simplemente desaparece». Volvió del Mundial de Sudáfrica, «después de cinco años siguiendo a la selección española», y le nombraron director de Marca TV. Sus ojos se mudaron entonces al barrio de Malasaña de Madrid, donde vivió su juventud y amaneció con un aire distinto que le convenció de que lo imposible dejó de existir.

Después, Del Campo tuvo jefes como Antonio García Ferreras, un hombre con una biografía especial. Antes de gobernar redacciones, fue enviado especial en las guerras de la antigua Yugoslavia, Sarajevo, Haití, Zaire, Ruanda e Irak. Ferreras significaba, en definitiva, un discurso con doble vida que tenía una afinidad más con el joven reportero: los dos habían estudiado Políticas. De hecho, Del Campo venía de la Agencia EFE, donde había sido redactor de Nacional en 2004 en medio de toda la tortura que significó el 11-M. Pero ya nada le seducía tanto como el deporte y toda esa libertad que le concedió Ferreras. «Hay que atreverse a pisar el área, decía». Fue un periodismo al rojo vivo, una prueba de lo que significó el inicio de La Sexta en marzo de 2006. «Las audiencias, al principio, eran tan bajas que te obligaban a ser osado». Por eso participó en la creación de *Minuto y resultado*, «que era una televisión muy radiofónica, el multifútbol modesto, en un formato distinto que ofrecía la posibilidad de contar la jornada sin imágenes». A su lado, surgieron prejuicios derrotistas, que se cansaron pronto de descargar lágrimas. «Se decía que iba a durar un minuto al ver el primer resultado».

No fue así. Del Campo se hizo más popular en los palcos de autoridades donde no sólo entrevistó a Cruyff o a Maradona. También conoció «a unos señores, serios y encorbatados, que en la proximidad ganan mucho». Ahora, él aplica ese carácter en Marca TV donde prefiere hablar de esperanzas en vez de prisas. «Se trata de crear adicción, de ir colándonos poco a poco en las casas, como un electrodoméstico más». Y, naturalmente, discrepa de quienes dicen que el periodismo deportivo se ha degradado. «Yo creo que nunca hubo tantas oportunidades como ahora».

3. Nervios en silencio

Desde luego, en 1989, en el año de los milagros, no las había. Sólo existía una televisión pública en la que Juan Carlos Rivero ya imaginaba lo que se podía hacer y lo que no. Después, lo comprobó sin fisuras. Sobre todo, en esos dos años en los que hizo *El Rondo*, como director de contenidos junto a Alfonso Arús. «Supuso muchos problemas con preguntas, incluso, de los políticos». Quizá por cosas como esas, Ramón Fuentes escucha decir a J.J. Santos que en sus años en el canal público él no fue feliz y que, como desahogo, eligió la redacción de un periódico. Del Campo sabe positivamente que en TVE no se podría hacer lo que ha hecho él en Marca TV al instaurar en *prime time* una tertulia deportiva, un género que, por cierto, se desprestigia con facilidad. «Yo no lo veo así si hay periodistas incisivos y con argumentos potentes. Otra cosa es que batallemos contra los prejuicios de las tertulias de la prensa rosa». Del Campo, en cualquier caso, no es imparcial. Su vocación es su pasión, la prolongación de ese niño que adoraba a la rana Gustavo, el reportero más dicharachero de *Barrio Sésamo*. Y todo eso se demuestra en su atrevimiento periodístico, en su, por ahora, fiel biografía.

Narrador y editor de los programas de la Champions League en La 1 de TVE, Rivero acepta sin rebeldía lo que se puede hacer y lo que no en la cadena pública. Se sirve de manifiestos y maravillosos ejemplos. «Yo trabajé en directo con José Ángel de la Casa o con Pedro Barthe, que era gente que jamás se ponían nerviosos, no les vi pegar un grito en toda mi vida. Eso no implicaba falta de carácter como demuestra que José Ángel, cuando fue jefe, si había que apartar a alguien, lo apartaba. La diferencia es que hacía su trabajo en silencio».

Ramón Fuentes también habla de la leyenda, de la evolución que le ha acompañado. No presume de biografía, sí de felicidad. «Desde luego, sería un ingrato si me quejase». El día que hablé con él, acababa de presentar los deportes en el informativo de mediodía después de una de esas mañanas en las que casi nunca faltan noticias ni imágenes. «En todo caso, siempre nos queda el recurso del teléfono para buscar historias en los días más flojos». Una vez frente a la cámara, Fuentes acepta que su presencia resume el trabajo de cientos de personas que ni mucho menos trabajan de incógnito. En realidad, no sólo es el presentador. También es el cámara, el estilista o el ayudante. Y entre todos construyen una fortaleza que, aunque sus espectadores disminuyan, quizá ya no deberá hacer examen de conciencia. Sólo deberá acostumbrarse, como en Estados Unidos, a las audiencias de un solo dígito. Algo que en 1989 no pasaba, pero, claro, entonces Juan Carlos Rivero no sabía si ganaba o perdía. Y, en realidad, le pasaba como a los hijos únicos: no tenía con quién compararse.

La impaciencia del periodista | 12

1. De la *favela* a Mourinho

Un día estuvo en Siloé, enclavado en la montaña, en el barrio más antiguo y conflictivo de Cali, Colombia, para ver la otra cara de la Copa de América. Allí había acudido de enviado especial Ladislao Moñino. Trabajaba en *As*. En los primeros días se acostumbró a la alta tecnología de los estadios, a la bella fotografía de las azafatas o a los saludos, fieles y educados, de los dirigentes. Todo muy previsible. Fue entonces cuando decidió buscar historias con el corazón salvaje y pretendió dar una vuelta a la actualidad. Sólo se lo exigió él mismo, periodista de pata dura y misterioso. Desde los Juegos Olímpicos de Sidney, había perdido el miedo a volar. Y el caso es que en Siloé encontró el contraste, panorama terco y de extrema dureza. Fueron los propios agentes quienes le recomendaron subir *en patrulla*.

Una vez que llegó hasta allí, se encontró con un aparcacoches, en el corazón de la *favela,* que le hizo saber «que tenía muchos amigos en el cementerio de abajo» debido a simples accidentes domésticos, robos y cosas así. Y luego, entre puestos de frutas, ropa de segunda mano o materiales de construcción, Moñino comprobó que en cualquier sitio se puede jugar al fútbol. Vio como en Nueva Venecia se había construido, sobre troncos de árbol, un campo flotante encima de una ciénaga. Y, en teoría, todo ese sitio resultaba un lugar arriesgadísimo para hacer periodismo. En un momento de descuido, no sólo te robaban la cartera. También te podían pegar un tiro.

Ladislao Moñino trabajaba en *As*, en ese periódico en el que Alfredo Relaño, el director, no quería que editase una sola página porque prefería escuchar lo que podía proponer. Y leerle, sobre todo, leerle, porque le parecía un tipo interesante y conmovedor. Y por eso confió tan rápido en él. Y Moñino aprovechó para hacer amistad con historias lejanas y difíciles. Era una época en la que se podían elegir las ciudades y en la que no se decía adiós antes de entrar. «Me acuerdo que podías pasar al despacho del director a proponer viajes para reportajes diferentes. Ahora, casi ni se concibe en los periódicos, rápidamente te dicen que no hay dinero». Son tiempos malos para los periodistas y de imaginaciones detenidas.

El cambio ha roto los espejos, y esas favelas están aparcadas en algún lugar de la memoria. Moñino está ahora en Valdebebas, en los campos de entrenamiento del Real Madrid. Se respira paz y modernidad. Un ambiente noble, con pasillos limpios y numerosos campos de hierba artificial. Aparentemente, es un lugar óptimo para el periodista, resguardado hasta de la lluvia. Todo lo contrario que en el barrio de Silóe, Cali, donde Moñino halló esa historia que llamó la atención. La diferencia es que en Valdebebas, donde lo único que hay de segunda mano son coches de periodistas, no puede, casi no le dejan, encontrar esas historias. Ni a él ni a nadie. Así que no todo es lo que parece: el periodismo está fuera, quizá en Siloé, y no dentro de Valdebebas.

Moñino, ahora redactor de *Público*, sólo va a la ciudad de entrenamiento del Real Madrid si Mourinho anuncia rueda de prensa. El resto de días ni aparece. Su tiempo en la redacción es muy valioso. O sino en su casa, donde aprovecha para ir al banco, hacer a la compra... En fin lo que le parezca. En Valdebebas, no. Allí, los futbolistas casi nunca aterrizan en sala de prensa. Los periodistas sólo pueden ver los quince primeros minutos de sus entrenamientos en los que Moñino, si ha ido, abrirá los ojos. «Mi idea es ver algún gesto que te diga algo de un jugador en ese cuarto de hora y que luego te pueda ayudar a algo». Pero tampoco es fácil. Durante ese tiempo, los futbolistas sólo realizan estiramientos y ejercicios de calentamiento. La paz no sale de casa. El balón no pisa la hierba. Luego, cuando lo hace, se cierran las puertas, las persianas, la oscuridad. Todo lo que sucede en el césped pasa a ser propiedad privada. Así que la noticia se limita horas después a Mourinho, a sus respuestas con mala uva a la prensa, cosa que no es tan novedosa. Moñino lo sabe. Un día le acusó de hipócrita. El periodista, sin embargo, no se dio por vencido. Generó entonces un debate limpio, orgulloso, lleno de propaganda para la tropa periodística. De no ser así, tal vez aquella mañana se hubiese retirado como vino al mundo: vacía para la prensa.

2. ¿Por qué no hice caso a mi madre?

John Carlin no hace lo que Moñino. No va nunca a ver entrenar al Real Madrid de Mourinho. Vive, además, en Sitges, Barcelona. Sería un desplazamiento absurdo para llegar y encerrarse a esperar en una sala, junto a otros compañeros, apreciables y respetados jornaleros del día a día. John Carlin ha sido Premio Ortega y Gasset al mejor trabajo de investigación por *Viaje por la emigración*. Su biografía tiene miles de años. Abulta como un tomo de enciclopedia con trabajos en México, Centroamérica, Sudáfrica y Estados Unidos. Y se sabe que es un lince del periodismo. Pero, en fin, en vez de seguir recorriendo tanto prestigio, lo que pretendo decirles es que a John Carlin no le extraña nada de lo que pasa en el fútbol. Por eso contacté con él. Y me contó entonces que cuando quiere hacer un reportaje, en el que necesita de los jugadores de elite, le entran los siete males. «Conseguir una entrevista con un jefe de gobierno o un líder guerrillero es un juego de niños al lado de eso».

Y no se trata de que el resto de territorios sean fáciles. Al contrario. Carlin sabe que la espera es un ingrediente necesario en cualquier ámbito del periodismo. «Aunque quieras entrevistar al gerente de una mediana empresa de tuberías, siempre te piden lo mismo: mande usted un correo electrónico y mañana le decimos algo», explica. «Pero llega mañana y, por supuesto, no te dicen nada y así suele ser hasta que llamas cuatro o cinco veces». La paciencia corre peligro. Al menos, la de Carlin, que hasta repasa la conciencia en esos días. «¿Por qué no hice caso a mi madre y me metí a un trabajo como Dios manda?», se pregunta.

En lo sustancial, Carlin es como Moñino: un tipo que desea la mejor carne para sus reportajes. Y lo admite. «Sí, claro, porque hay determinadas historias para las que las entrevistas son tan necesarias como el balón para Messi, el arroz para la paella o el peluquero para Beckham». Y él ha debido tener experiencias muy desagradables con los futbolistas. O, al menos, no le extraña que, una vez pactada la entrevista, «el futbolista aparezca alguna hora tarde, porque se demora en la ducha, tiene que rematar el partido de la Play Station, comprarse otro Ferrari o tocarse las narices en casa». Naturalmente, el periodismo no es feliz así, pero siempre se puede esforzar uno por pensar en positivo y hacer como hace Carlin.

Se acuerda entonces de David Beckham, porque lo vivió de cerca. Hubo un año, en el que escribió el libro *Los ángeles blancos*. Se desplazó con el Real Madrid a todas partes. «Era uno más de la expedición», recuerda. «Cogía los mismos aviones que ellos, me alojaba en los mismos hoteles y, básicamente, comía los mismos menús». Y recuerda que cuando regresaban de los partidos, a las tres o cuatro de la mañana, siempre había gente esperando en los aeropuertos que se desesperaba por un autógrafo, una firma o una mirada de cariño. «El único que se paraba era Beckham». Y también se acuerda de Woodgate, aquel central inglés que jugó en el Madrid que, lamentablemente para él, se lesionaba hasta con el albornoz puesto. «Vivía su drama con una simpática ironía y, tal vez, porque el resto de la prensa no le asediaba, me concedió una entrevista en la que, sorpresa con un futbolista, no hubo límite de tiempo».

Son los jugadores que, según Carlin, «te tratan como un ser humano e, incluso, hay algunos que te dicen algo que vale la pena». Woodgate se lo confesó a él. «Sí, efectivamente, insistió en que los periodistas teníamos que interpretar el fútbol mejor que los jugadores por una razón: "vosotros tenéis ventaja, lo veis desde arriba", me dijo». Y ese tipo le hizo pensar, reflexionar y añorar ese día en el que todos los futbolistas fueran así. Y, por un momento, la imaginación de Carlin ascendió hacia el cielo y el cielo participó de su deseo. Luego, cuando volvió a casa, regresó a la tierra. Las estrellas del fútbol no habían cambiado. Seguía sin haber una forma pacífica de acceder a ellas. Seguía haciendo falta tanta, o tantísima, insistencia, que roza la humillación y decidió escribir un artículo en *El País*, titulado «La indignidad del periodista deportivo», que casi fue un *best seller* y del que sólo queda una duda: ¿lo leyeron o no los futbolistas?

Carlin no se preguntó por eso en el texto. Sí advirtió un floreciente problema: el día en el que se agote la paciencia del periodista y no quede otro remedio que refugiarse en lo que él llama «la prejubilación periodística del escritor de columnas de opinión». Pero, de momento, no hace falta que Carlin tema por Moñino: aún es demasiado joven y a su paciencia todavía le quedan varias vidas.

Antes no era así

Josep María Artells, director adjunto de *El Mundo Deportivo*, arrancó en esta profesión en los 70, con aquel Barça que desplazó 30.000 personas a la final de la Recopa en Basilea. En ese vestuario había futbolistas como Charly Rexach, Hans Krankl, Johan Neeskens, *Lobo* Carrasco... Gente chapada a la antigua que atendía a la prensa con el pelo mojado, recién duchados y mientras se ponían el jersey. Y no parece un recuerdo equivocado el suyo, porque Tomás Guasch memoriza esas entrevistas que hacía a *Migueli*. «Se levantaba de la silla, se iba, me decía que terminase yo y que nos fuésemos a tomar el aperitivo». Guasch, incluso, retiene otra fotografía simpática de esa época. «Recuerdo entrenamientos del

Barça en el Camp Nou en los que había más acompañantes de Maradona que periodistas». Pero eran otros tiempos, con pocos periodistas y siempre los mismos que, si no lo eran, parecían una extraña familia. Se sabía quién pagaba los cafés y hasta la habitación en la que había dormido cada uno.

Ahora, ya no; ahora, hay legiones de medios, a los que sus jefes les piden algo diferente. Pero la realidad es que las dificultades son máximas. En la Ciudad Deportiva de San Juan Despí, donde trabaja el Barcelona, el club también aleja a los futbolistas. «¿Cómo se puede hacer contacto con los ellos?», se pregunta Josep María Pallàs, que organiza catorce páginas diarias del Barcelona en *El Mundo Deportivo*. «No son difíciles de rellenar, porque el club genera mucha información», admite. «Pero no se trata de eso, sino de saber lo que pasa». Y recuerda cuando él empezó. «Estaba Van Gaal de entrenador del Barça. Se decía que no aguantaba a la prensa, pero resulta que los entrenamientos eran a puerta abierta y todos los días salían cuatro jugadores en rueda de prensa. Ahora, lo hace uno solo». El diagnóstico se compromete a largo plazo. «El problema es para las nuevas generaciones, que nunca van a conocer a los futbolistas». Y añade, «es que no van a tener ni sus teléfonos».

Tomás Guasch lo lamenta, pero sabe que es así. Él estuvo doce días en Argentina, cuando la selección albiceleste se jugaba la clasificación para el Mundial. Regresó indignado. «Messi no salió ni un solo día en rueda de prensa: te quitaban de en medio con el portero suplente». Por eso no exagera cuando dice que «ahora mismo, es una odisea entrevistar a un futbolista, una batalla tremenda». Los años de ejercicio ni siquiera jerarquizan a Guasch, un apasionado periodista al que uno se imagina que los clubes reciben con una alfombra roja. «Nada de eso. Hace 20 años era infinitamente más fácil entrevistar a Maradona que ahora a Villa».

1. Derecho de admisión

Hay preguntas que se niegan a envejecer, que desean conocer si es posible la amistad entre deportista y periodista, si algún día existió. Surgen entonces miles de historias, tantas como vidas, y casi todas aplican la diferencia. Hay deportes y deportes, lo primero. Gente que, expuesta siempre a la máxima indiferencia, acepta al periodista con la fascinación de la primavera. Y otros que piensan de los periodistas como se pensaba de los humanos en *El quinto elemento,* «todo lo que creáis se usa para destruir». Hay deportistas de los que la gente se olvida rápido y de los que, sin embargo, el periodista no se olvida jamás. En los Juegos de Barcelona de 1992, Carlos Arribas formaba parte del equipo de editores de *El País* hasta que un día faltaba gente y le mandaron a cubrir el ciclismo en pista. Acompañado por primitivos instrumentos de trabajo («fui sin ordenador, con un bolígrafo y un papel»), la casualidad le abrazó fuerte. «Dicté por teléfono la crónica de una medalla, la primera de esos Juegos, la de José Manuel Moreno en pista, que me hizo una especial ilusión, porque él y su entorno aceptaron mis preguntas con agrado, toda mi curiosidad para hacer algo diferente». Han pasado 20 años y después no ha encontrado a tantas gentes así. Pero esas cosas, se sabe, sólo pasan en deportes minoritarios, en los que no existe el peligro de enriquecerse, en los que los deportistas juzgan la presencia del periodista como un regalo de reyes.

Los ídolos, sin embargo, son otra cosa. Una película de éxito. Gente muy especial, que se sabe millonaria y poderosa. En sus pies o en sus manos figura el carné de identidad de la alegría.

Sus hazañas nos facilitan excusas para hacer locuras. Sin conocerlos, sin saber si son buenas o malas personas, nos apasionan sus ratos de inspiración. Y cuando se llega a ese momento de éxito se alejan casi forzosamente de los periodistas. Su derecho de admisión se bloquea y se hace así porque, en caso contrario, se interpreta que su vida sería una locura. Y en este sentido me pareció relevante el cuestionario que le envié a José Carlos Carabias, un notable redactor de deportes de *ABC*. Suma una antigüedad de 20 años en el mismo diario y una manera de ver el periodismo que, si coincide con la de ver la vida, seguramente es un tipo maravilloso. Al escribir, dice que se guía «más por sensaciones que por guiones» y por eso la primera vez que acudió a un Gran Premio de Fórmula 1 lo primero que se le ocurrió fue hacer un reportaje del ruido, de ese enorme estruendo. Llevaba años apegado al ciclismo y al Tour de Francia (1993-2005), acostumbrado a llamar a ciclistas y a que le cogiesen el teléfono, cuando, de repente, fue de enviado especial al Gran Premio de Bahrein. Fue sólo el primero de los que vendrían después. Hoy, sin embargo, compara lo que pasaba ayer («Alonso estaba en Renault y era fácil tomar un café con él») con lo que pasa ahora: «en 2010, estando ya en Ferrari, pedí una entrevista con Fernando en octubre y me la dieron en mayo».

No se trata, por lo tanto, de que no haya amistad, sino de que en algunos casos no puede haber contacto siquiera. Y no se trata de que Fernando Alonso sea un tipo huraño. Si se escucha a Antonio Lobato, el hombre que narra la Fórmula Uno en La Sexta, no les quepa la menor duda de que no lo es. Yo no le escuché, no les voy a engañar. Actualmente, es un hombre muy viajado y ocupado, con una lista de peticiones de entrevistas que posiblemente supere las que Marilyn Monroe tenía en su época, así que no quise amargarle con una más. Pero sí le he leído contar acerca de ese SMS que recibió del piloto estando en directo en televisión, diez minutos antes de unas series de clasificación. El mensaje tenía una foto de la camiseta, el *maillot* en argot ciclista, que iban a llevar en las rutas de ciclismo que estaba organizando para el verano en Asturias. En la entrevista después de la calificación, el periodista le preguntó si se lo había enviado en aquel mismo momento y Alonso le contestó: «Sí, ¡a que es chulo el *maillot!*». De ahí no se duda que la amistad existe, que el ídolo es terrenal y no celestial y que el hecho de que apenas se deje conocer no es culpa suya, sino del entorno. David Alonso, redactor de la Cadena SER, también tiene un trato especial, quizá amistoso, con el piloto. Lo definió «como un gran tímido al que le apasionan los trucos de magia». Después, me hizo saber lo que pasa. «Durante el Gran Premio de Barcelona superaba las cien peticiones de entrevistas para cuatro o cinco días. Era algo inviable».

Ramón Besa, redactor jefe de Deportes de *El País* en Cataluña, también es un periodista experto. Sabe que, en general, los deportistas «son jóvenes recelosos, marcados por la cultura del éxito» y entiende que no sólo es culpa de ellos. «También lo es de nuestra cultura periodística». Y lo ejemplifica con lo que sucede en unos Juegos Olímpicos. «Nosotros no vamos a cubrir los Juegos, vamos a cubrir a ganadores y perdedores». Pero si las cartas del destino son así no queda otro remedio que aceptar lo bueno y lo malo a la vez, no se puede amar a trozos a la gente. Por eso Besa prefiere esas dificultades a una peligrosa amistad. Y, en su caso, habla con el fundamento del hombre que arrancó desde abajo. «Antes, la carrera de periodista iba paralela a la del futbolista: quiero decir que empezabas cubriendo las crónicas del filial. Yo conocí así a Pep Guardiola e, incluso, a Xavi Hernández y es evidente que del roce sale el cariño». Por eso ha tratado de que la lealtad no se convierta en un vicio. «Siempre que he escrito de ellos lo he tenido presente y no quería que, a partir de esa relación, saliese un texto contaminado». La pregunta es si puede hacerse así o si los periodistas lo hacen así.

Quique Setién no sabría decir. Fue un magnífico mediocampista, largo y duradero en los 80 y 90. Con la pelota, distinguía lo esencial y la hacía correr con buen humor. Yo le conocí en su última parte, en mi época de redactor en

Alerta de Santander. Tenía el ego dominado y, eso sí, próximo a los 40, se conservaba maravillosamente. Supe más de él debido a la biografía suya que escribió Raúl Gómez Samperio quien, por cierto, podría oficiar de maestro en el periodismo deportivo. No sólo tenía la literatura necesaria, también el instinto para dosificar las páginas y repartir las noticias. Fui compañero suyo varios años. Atendía a esa vocación y, muy unido a ella, manifestaba un respeto sagrado por la figura del centrocampista del Racing de Santander. Había sido uno de los héroes de su juventud y si debía elegir entre Pelé y Quique se quedaba claramente con el cántabro.

Para entonces, sin embargo, Setién ya había entendido que él no debía tener amistad con los periodistas. Lo comprendió siendo mucho más joven. Jugaba ya al fútbol profesional y asomaba en él la sensación de que había periodistas «que escribían según cómo les caías». Después, vino la certeza. Quique tenía un *pub* en Santander, La Tierra, al que a menudo empezó a ir Sandoval, un prestigioso periodista que escribía como los ángeles. Podía hacerlo de fútbol, de toros o de lo que fuese. El rendimiento siempre era bueno y no existían defensas capaces de quitarle la pelota. Quique admiraba de veras a ese hombre, a su aspecto bohemio y a su verbo moderado. Y, después de una campaña publicitaria en contra del tabaco, surgió una amistad, horas de conversación y una presunción eterna de inocencia que el futbolista, el más crítico consigo mismo, captó rápido. «Me di cuenta de que en sus artículos yo nunca jugaba mal». Quique, sin embargo, sabía que no siempre era así. Por eso pensó y decidió: tenía que mantener las distancias con los periodistas. Y es lo que hace ahora en el Lugo, el equipo donde ejerce de entrenador. «Con los que son serios y respetuosos siempre nos podremos llevar bien y mantener una buena relación, cada uno en su sitio».

2. Aléjate de tus ídolos

En realidad, este capítulo podría llegar al fin del mundo. El avión no aterrizaría nunca. Se encontrarían anécdotas de todos los estilos, poderosas, perversas y hasta ingobernables. Si uno es periodista recién llegado tal vez se sienta *Ciudadano Kane* el día que puede acercarse a quienes fueron sus ídolos. Máxime si todavía están en activo. Y me acuerdo entonces de Juanma Trueba, con el que me he reunido muchas veces en la realización de este libro. Quizá porque arrancamos en el periodismo a la vez, siendo becarios, que es la época en la que más indefenso se siente uno. Trueba, actual subdirector de *As*, jamás olvidará aquella vez que lo mandaron de enviado especial a las Seis horas de Euskadi de ciclismo. Se sentía un periodista diminuto a comparación del ídolo que vio pasar a su lado: Miguel Indurain. «Coincidimos en el ascensor del hotel y me pareció un gigante con unas manos enormes». En el tránsito cruzaron tres o cuatro frases («que yo tartamudeé, seguro»), pero recapacitó deprisa.

Luego, descendió unos años atrás, en la Ciudad Deportiva del Real Madrid, a esos anodinos entrenamientos, que le ayudaron a desterrar su idelogía de la infancia. «Comprendí que no conviene acercarse a los ídolos que uno tiene». Trueba empezaba en la Agencia EFE y, para justificar su presencia, pedía la vez en el mercado para entrevistar a jugadores del Real Madrid. Sus recuerdos, desde ya mismo, dejarán de ser privados: «la mayoría te miraba por encima del hombro. El único que se salía era Butragueño, que no negaba una entrevista a nadie y, en esos tiempos, lo más cercano a nadie era yo». La paradoja es que algunos de esos jugadores, que menospreciaban al periodista, ahora son colaboradores de los medios, a los que se ha acogido generosamente. «Y, a partir de ahí, se podría montar otro debate».

A Trueba le sobran los motivos para mantener la independencia, porque «en general he salido poco a la calle lo que me ha quitado perspectiva, pero te ha dado libertad». Durante cinco años, se responsabilizó de la información del Real Madrid en su periódico. Organizaba páginas y mañanas para los redactores; descubrió que no valía de tanto. «Había algunos que tenían amistad con ciertos futbolistas, pero no era suficiente. Si un día pensabas en llevar a un jugador a la Plaza Mayor para hacerle un reportaje gráfico no era suficiente decírselo a él: necesitabas la aprobación del departamento de comunicación del club».

En sus recuerdos se dibujan escenas nucleares, golpes de estado al periodismo. «Llegó a un punto en el que si entrevistabas a un jugador del Castilla debías tener a un empleado del club al lado, como si fuese un comisario político». Por eso se hace una pregunta triste y sin amigos, «¿hasta dónde hemos llegado?». Nada de eso quita que el tiempo establezca afinidades invisibles como le sucedió a Santiago Segurola que, por ese motivo, encontró una hermosa amistad con gente como Valdano, Del Bosque o Guardiola con el que habla a menudo. «Sin embargo», dice, «no se me ha ocurrido pedirle una entrevista ni él me la ha concedido». En realidad, el futbolista es un tipo especial que, como recuerda el maravilloso escritor Eduardo Galeano, «se ha salvado de la fábrica o de la oficina, le pagan por divertirse y se sacó la lotería». Pero también reconoce que «cuánto más dinero gana, más preso está». Y demasiadas cosas que le diferencian de los demás como «el ocaso prematuro o las vísperas de los partidos importantes, donde lo encierran en un campo de concentración donde cumple trabajos forzados , come comidas bobas, se emborracha con agua y duerme solo». Y los hay, claro, que adoran la manera de escribir de ciertos periodistas como Quique Setién. Lo era y lo sigue siendo.

Todos los lunes, antes de empezar el entrenamiento en el Lugo, lee las crónicas de Segurola en *Marca* para ver en lo que coinciden. «Me doy cuenta entonces de que vemos el fútbol de la misma manera». Hay otros días en los que aconseja a sus futbolistas y compañeros que lean los artículos de Ramón Besa. Incluso los cuelga en el tablero del vestuario. Otra cosa es la posibilidad de generar una amistad que Setién descartó totalmente y que casi ningún periodista aprueba. La libertad siempre será condicional. Miguélez lo sabe desde aquella noche en la que Pedro Jaro, portero entonces del Atlético, se lió a gritarle, mientras recogía el equipaje en el aeropuerto. Había escrito un perfil suyo en *El País* que no le gustó. El periodista le ofreció la posibilidad de contestarle. Jaro lo hizo y el texto se publicó. En la siguiente rueda de prensa, sin embargo, se le había olvidado y, ante la pregunta de Miguélez, el portero le replicó: «Yo a tí no te contestó». Miguélez abandonó la sala y, meses después, cuando Jaro se aproximó a él, le recordó lo que parecía obvio: «Yo sí puedo mirarte a la cara; tú a mí no». Y no sabe si todo eso fue culpa de la presión pública que machaca a esos futbolistas que los empresarios compran venden y prestan, porque a Miguélez le consta que Jaro era buen tipo, pero...

Seguramente, a Carlos Carbajosa, veterano redactor de *El Mundo*, que lleva muchos años cubriendo la información del Real Madrid, ya no le extraña nada de esto. Él también descubrió una verdad sin complejos. El día que su periódico publicó un reportaje titulado «Los diez pecados capitales de Míchel», el futbolista dejó de hablarle. Años después, cuando se había retirado e incorporado a la profesión como comentarista de TVE, Carbajosa seguía sin escucharle. Desde entonces, ya no lo duda. El periodismo es como el cine o el teatro: las amistades peligrosas también existen.

¿Cómo informar si no ves nada?

En días de labor, en los que no existe la pasión, sólo queda la historia: la espera paciente y cortés. Máxime al lado de Mourinho, ese hombre que, dicen, ha convertido al periodismo en vehículo de sus obsesiones. Fernando Burgos es el responsable de la información del Real Madrid para Onda Cero. Él sí va todos los días a Valdebebas. No es un periodista sin industria. Su biografía tiene motivo y antigüedad, 23 años, 20 de ellos en Telemadrid. Las últimas temporadas había realizado en televisión la narración de partidos, la elaboración de vídeos e incluso alguna zona técnica. Pero el último año, cambió todo. Volvió a la calle y a Valdebebas. Así que le pregunté qué panorama se encuentra allí, si hace entrevistas personales a los jugadores o si le gustan los entrenamientos. Su respuesta se llenó de negativas.

Burgos contó que los días arrancan, casi todos iguales, sin voces y en secreto. En esos primeros quince minutos al aire libre. «Los periodistas sentimos tanta ansiedad que nos volvemos locos: queremos ver demasiadas cosas en tan poco tiempo que la mayoría de las veces es imposible». Cuando la pelota salta al césped, ellos se retiran de la circulación, están obligados a hacerlo. «¿Cómo informar a la gente si no ves nada?», se pregunta Burgos, que tendría derecho a abusar de la desesperación ante «tantas puertas cerradas y tantas persianas bajadas». Pero tiene oficio y fuentes para sobrevivir al silencio. Y esas fuentes pueden ser un futbolista, un jardinero o un basurero. «De otro modo no seríamos periodistas». Es la ideología de esta profesión que no compromete a Burgos. Al contrario, le desahoga: «hay que buscarse la vida. Si me limito a esperar, como no veo nada en los entrenamientos, habría muchísimos días en los que regresaría a la redacción y no tendría nada que contar en el programa de las tres de la tarde y aún menos en el de las doce de la noche». Hace años, cubrió la información del Real Madrid de la quinta del Buitre, que ganó cinco ligas seguidas. Coincidió con entrenadores difíciles como Toshack, pero jamás le pasó esto. «Los tiempos han cambiado para peor», admite.

El secretismo, por lo tanto, es total. Fernando Burgos viaja, incluso, en los mismos aviones que los futbolistas del Madrid, pero cree que «hay muchos que ni me conocen, porque no me ven». El día que hablé con él recordó: «he hecho diez peticiones de entrevistas personales al departamento de comunicación del club». La respuesta desmereció su esfuerzo. «Sólo me han concedido una: Casillas».

En el bando enemigo |14

Ronaldo jugaba en el Real Madrid. Acababa de romper con Rodrigo Paiva, su jefe de Prensa, y llamó a un periodista de *Marca* que trabajaba en la redacción de Barcelona. «Quiero que seas, mi director de comunicación», le dijo. Ronaldo le había conocido siendo casi un adolescente en Río de Janeiro, y no se había olvidado de él. Después, fichó por el Barça de Robson y en la ciudad vivía ese periodista joven, paciente y sin intrigas. Su pequeño pasado le había enseñado a buscar la noticia sin molestar, a moderar ambiciones. El periodista era David Espinar y, por alguna razón, tuvo siempre un sexto sentido con el futbolista brasileño. No fue sólo Ronaldo. Rivaldo le pidió, a los 30 años, que escribiese su biografía y Espinar sólo lo hizo a cambio de que fuese «una historia consistente y no un almanaque de fechas». Romario le buscó otro día más antiguo y le pidió que se sentase a su lado en el avión en una noche imperdonable, la que acabó con el *dream team* de Cruyff. El Barça acababa de perder 5-0 en el Bernabéu. Espinar trabajaba en la Cadena COPE de José María García. Obedeció al futbolista y encontró a un hombre sin paz, que necesitaba un desahogo urgente. «Fíjate lo harto que estoy que este ha sido mi último partido en el Barcelona». Antes de aterrizar, le preguntó: «¿Puedo contarla en la radio?». «Sí, claro, te la he dicho para que la cuentes». La primera cabina de teléfono en el aeropuerto de El Prat fue suya. «Romario se marcha», le dijo a García.

Espinar era un educado periodista que no dudaba que «la gran historia es la que te cuentan los protagonistas, sin necesidad de que seas tú el que preguntes». Por eso respetaba los verbos. «Comprendí rápido lo que el futbolista necesita para aceptarte. Primero, quiere que seas persona y

147

después periodista. Y si ve que, por ese motivo, eres capaz de sacrificar noticias o de pedir permiso, te acepta». Espinar lo hizo así, y no de otra manera. Y, sin ser brasileño, los brasileños le aceptaron como a uno de los suyos. Un periodista sin incendios, con los sueños justos. Y ese día en el que Ronaldo le llamó para que gobernase su agenda pública, el futbolista ya sabía de su lealtad. Su petición, sin embargo, era difícil para Espinar. Significaba algo más que una mudanza. Significaba dejar el periodismo, enterarse de cosas y no poder contarlas. Para un hombre, que había conocido la profesión en su plenitud, era como escapar del paraíso. Significaba, además, una oficina propia, en la calle Genova de Madrid. Una apariencia nueva: nada de pantalones vaqueros, traje y corbata cada mañana. Una nueva estación, una nueva vida. Cambiaba el futuro, no el pasado. Siguió colaborando en medios («escribía a veces en *El Mundo*, *ABC* o *L'Equipe*»), pero no era lo mismo. «Yo, que siempre había buscado la noticia, pasaba a protegerla». Pero eso también es periodismo. La duda es cómo se hacía.

1. El arte de contar historias

Hubo un momento de su vida en el que Luís Villarejo también pasó a la otra parte. Su biografía era de periodista total. También en la infancia, cuando llevaba mocasines en los pies. Los fines de semana no se podía contar con él porque «siempre iba al fútbol fuese a ver al Madrid, al Atlético, al Rayo o al Interviú de fútbol sala». Hacía crónicas imaginarias, fábricas de sueños. En vacaciones tampoco cambiaba la vocación por la piscina. «Yo veraneaba en El Álamo, en las cercanías de Madrid, donde los martes no me separaba del quiosco hasta bien entrada la mañana cuando llegaba la furgoneta de reparto con el *As* color, que era un suplemento que se hacía entonces y que a mí me parecía maravilloso».

De mayor, alcanzó el sobresaliente en el periodismo deportivo, en la Agencia EFE. Después pidió una excedencia para trabajar en el *Marca*, donde estuvo tres años. Descubrió «un ritmo de trabajo tremendo». «Cada día teníamos que dar el 100% o tal vez el 200%. Nunca era suficiente. Un diario es insaciable. No te da tiempo ni para tomarte una cerveza para celebrar el suplemento que acabas de cerrar. Hay algunos que yo he leído con calma dos años después de haberlos hecho en *Marca*, y es que en su momento no había podido saborearlos». Pero fue como soñar con Peter Pan. Era una vida dura, distinta y feliz. «La motivación era perpetua. Al día siguiente, te apetecía ponerte manos a la obra».

Sin embargo, en 2007 cambió todo: recibió una oferta para ser director de información del Real Madrid. Aceptó. Villarejo reparó en sus años jóvenes, «en los que entraba en el coche de los futbolistas del Real Madrid, a la salida de los entrenamientos, para terminar las entrevistas». Su curiosidad siempre apuntó al fuego. «Igual podías ver un libro de García Márquez en el salpicadero, una cinta que te decía el tipo de música que le gustaba... En fin, cosas que te ayudaban a establecer el perfil del hombre más allá del futbolista». Un espacio, en definitiva, que se ajustaba al periodismo que Villarejo defendía como un niño. Todavía lo hace y lo llama «el arte de contar historias» para sorprender a los lectores. Escribe en *sportYou.es* un artículo del jugador Seydou Keita y el Barça global, y no sólo habla de él. También lo hace de su tío, Salí. Y recuerda que jugó en el Valencia en los 70. Y relaciona pasado con presente. «Yo no tengo esa entrevista superficial, esos cinco minutos con Keita en los que me diga que es muy feliz y, tal vez, me desee quitar de en medio, pero honestamente, y sin ánimo de menospreciar a nadie, ¿qué interesa más? ¿La historia o la entrevista de cinco minutos?».

Pero entonces Villarejo aparcó esa vida y esa maravillosa soledad. Fueron dos años, en los que conoció otra realidad; fue como pasar a la aduana a vigilar almas ajenas; a no ser sólo periodista; a descubrir problemas que hasta entonces no formaban parte de él; a reaccionar cada día de una manera. Y recuerda esos partidos en los que debía situar a todos los medios en unas tribunas de prensa en las que «¡no había espacio material!». Y se sintió como un guardia de tráfico en una carretera sin paz. Y no sabe si siempre acertó. Sí sabe que lo intentó, que sembró más de lo que compartió, quizá, y que la realidad, hambrienta, casi nunca se queda sin apetito. «Alguien tiene que regular todo eso». Han pasado los años, pero no olvida, «no podía suponer que fuese tan difícil».

2. Quinientas peticiones al año

David Espinar sí lo sabía. Sumaba varios años con Ronaldo, un futbolista gigantesco, cuya agenda le llevó «a conocer a Nelson Mandela en Ciudad del Cabo o a Simon Peres en Israel». Su teléfono nunca se sintió abandonado. Su buzón de voz fue víctima de mensajes y ambiciones. El día que me acerqué a Espinar regresó a aquellos tiempos. Y le pregunté entonces cuántas peticiones de prensa recibía Ronaldo («unas 500», dijo) y si acaso era tan difícil atenderlas todas. Pero sí lo era, sí. Espinar, leal, recuerda que, a lo sumo, daban «una entrevista al mes, en la que mirábamos la identidad del medio, no del entrevistador. Y, sobre todo, tratamos de diversificar mucho. Quiero decir que igual dábamos una a medios que no eran de deportes o a una web de una ciudad pequeña, en la que ese fin de semana jugaba el Madrid. Pero muy pocas, sí. El promedio no superó el 0,2%».

Hijo de un reportero gráfico de TVE («fue mi padre quién me enseñó que en esta profesión no había domingos o lo difícil que era para la familia»), Espinar aplicó su ideología. Él fue un hombre al que José María García atizó una enorme bronca una noche precisamente por hablar antes de pensar. Espinar quería pasarle en antena a Michael Laudrup, desde el césped, minutos después de que el Barça ganase la Liga, y García no consintió esa inocencia: «¿Y qué coño te va a decir Michael Laudrup? ¡Pues que está contento!», le reprochó. Pero, claro, esas cosas sólo les pasan a los periodistas en el campo de juego. Espinar imaginaba entonces que este trabajo tenía caducidad: «a los 40 años, no quería seguir persiguiendo a gente de 18». Pero se seguía sintiendo periodista. Por eso, cuando fue director de comunicación de Ronaldo, recuerda esas negativas a compañeros de profesión como un muy mal rato. «Yo quería decir sí a todo», admite. «Me costaba decir que no, pero cuando no había opción lo decía al minuto. Yo sabía lo desagradable que era la espera. Sus dificultades, su impaciencia. Sé que me costó amistades, pero así ahorraba ese sufrimiento».

Espinar veía a Ronaldo cada día. «Al principio, trabajaba en mi casa, en la suya...». Una vez a la semana, se citaban para valorar las entrevistas, en las que él sólo influía hasta cierto punto: «la ocupación de un futbolista es poca, pero viajan mucho, máxime con los anuncios publicitarios, y ellos siempre se agarran a eso». Sí es verdad que Ronaldo venía de un mundo aparte, en el que al periodismo se le consiente todo. Espinar, como enviado especial, se acuerda de concentraciones de la selección brasileña en las que no había derecho de admisión. «También vi como se radiaba en directo el desayuno de los futbolistas». De ahí que Ronaldo encontrase en España un desahogo periodístico que a Heinze, un futbolista argentino que había jugado en el Manchester United, le pareció sorprendente. Villarejo lo recuerda: «él venía de jugar en la Premier League, donde no se hace este periodismo del día a día. Es más, una vez me confesó que en tres años en el Manchester, sólo vio una vez a un periodista en los entrenamientos, y ya no decía nada de esos programas deportivos de la noche. Pero, claro, en Inglaterra no hay diarios exclusivamente de deportes».

La realidad es que Villarejo tenía unas demandas abusivas. Cientos de peticiones de entrevistas que procedían de todos los continentes, Asia y Oceanía, incluido. «Yo siempre decía lo mismo: hago lo que puedo, pero sé que no es suficiente», recuerda. Fueron dos años llenos de civilizadas negativas, «¡yo, en realidad, soy periodista y quiero hacer feliz al compañero!». También batalló con futbolistas, «pero era difícil: ellos quieren tranquilidad». Fueron años, en definitiva, en los que un día Miguel Ángel Portugal, entonces director deportivo, tuvo hasta 50 peticiones. El mundo no se había vuelto loco. Portugal era noticia. Frente a ese número, rabioso e ilocalizable, Villarejo buscaba otra alternativa. De alguna manera reivindicaba otros géneros del periodismo. «Yo, a veces, decía a los periodistas: "yo no te puedo dar al personaje, pero sí te puedo orientar acerca de él"». El caso es que con Portugal conté a un compañero una anécdota de cuando él viajó como colaborador del Real Madrid a un Mundial sub-17 en el que jugaba Kaká. Portugal bajó al vestuario y le dio un pin del Madrid como presentimiento y le dijo: "Sólo deseo que me lo devuelvas cuando fiches por el Madrid". Y, efectivamente, hubo un compañero que realizó una historia muy bonita». Pero seguramente fue un episodio aislado y tal vez por eso lo recuerda.

3. Regreso al pasado

David Espinar hace memoria y recuerda: los periodistas, efectivamente, le llamaban. A veces, hasta le bombardeaban, el oficio es así, no había problema. Pero la petición casi siempre era la misma. Querían la entrevista, la fotografía, un desahogo de la ansiedad periodística. Era un mensaje sin defensa propia, en el que sólo se necesitaba un dato. Sí o no. Espinar, lejos de la intimidad, podía contar detalles de un personaje al que siempre conoció a dieta y que sólo se aficionó «a la buena mesa en Hendaya, cuando se recuperaba de una de sus lesiones en Italia, y bajaba a cenar todas las noches a San Sebastián». Ronaldo, en definitiva, era algo más que un cuestionario, pero los periodistas que llamaban a Espinar lo hacían con una única y mercantil petición, la entrevista y una fotografía que, si podía ser en la Plaza Mayor o en El Retiro, mejor. Pero era una más entre 500 peticiones. Sale bastante más de una diaria. ¿Cómo decir que sí a todo?

En 2007, el teléfono de David Espinar dejó de sonar, de escuchar tantas preguntas. Ronaldo devolvió sus últimos años de fútbol a Brasil. Él ya no pudo acompañarle. La alianza no fue posible. Tuvo una oferta para inaugurar el gabinete de comunicación de las Bodegas Emilio Moro. Hoy, es director general y vive en Valladolid, donde está la sede. En su vida ya no existe la presión de la noticia; ahora es la cuenta de resultados. La elaboración del vino es más lenta que la de la crónica periodística, por eso los domingos volvieron a amanecer sin prisa para él. Todavía habla con Ronaldo, al que le une más de lo que le separa. Siempre se acuerda de su psicología. «Acostumbrado a la inmediatez del fútbol, no concebía que un vino necesitase 22 meses para madurar». Se acuerda también de esos días, que entonces parecía que no tenían motivo, en los que el delantero le decía que «lo peor de ser futbolista es ser ex futbolista». Ahora, lo es e, incluso, admitió frente al mundo que esa ha sido su primera muerte. Espinar lo vio por televisión y lo entiende. Él también echa de menos al periodista que fue o al que nunca dejará de ser. Quizá por eso ha trazado una maravillosa novela, *El hombre triste*, en la que sacó horas a la noche y, tal vez, convocó a algo más que un sentimiento. Quizá llegó hasta a aquel muchacho que ganó sus primeras 5.000 pesetas, siendo un aprendiz, en el periodismo. Era él.

Luís Villarejo volvió a ser uno más. Abandonó el Real Madrid después de dos años de tan delicado paladar. Volvió a la Agencia EFE, a compartir historias y experiencias con los lectores. Como ese día en el que fue a ver a Raúl a Gelsenkirchen, en el corazón de la region alemana de Renania del Norte-Westfalia. Allí volvió a ser el hombre más observador del mundo, el tipo que da gusto leer. Vio que el 80% de los aficionados iba al estadio con una camiseta del *siete* ahora del Schalke 04 y no separó la mirada de la Curva Norte del Veltins Arena, donde en medio de una marea azul prusia asomaba una bandera de España, ondeando en un estadio cubierto por cuyas entrañas corren cinco kilómetros de tuberías que distribuyen cerveza a todas las zonas del recinto.

Y, en definitiva, esta vida fue la que Villarejo eligió de niño por su maravillosa grandeza, por lo que significan las prisas o los silencios de uno mismo. En esa industria es un hombre feliz.

Tiene más cosas que contar y menos negativas que ofrecer. Y ahora es él quien elige campo, como pasa con los *Capitanes* de su libro publicado por LID Editorial. Ha vuelto a escribir con velocidad los fines de semana y, sobre todo, a desahogar una pasión de la que el periodista no puede y no sabe prescindir.

1. El origen de los sueños

Las raíces estaban en Andalucía; la vocación en el deporte; el consuelo en el periodismo. La pelota seguramente corría más deprisa que ellos y se quedaron sin motivo para perseguirla. Fue en noviembre de 1976 cuando José Damián González entró en los deportes de *El País*. Tenía 20 años, corazón de nieve y taxi libre hacia el cielo. Su hermano Jesús era nueve años menor y le preguntaba si el hilo musical de esta profesión se parecía a lo que soñaban esas noches, en la Plaza del Conde del Valle Suchil. Allí compartían habitación en la casa de sus padres, «que eran los porteros de la finca y casi nunca nos acostábamos sin escuchar el programa de García». Y sí se parecía, porque Damián era un incisivo periodista, capaz de recorrer calles, de defender a los más humildes en la primera huelga de futbolistas o de edificar una maravillosa historia al lado del futbolista Joaquín Sierra Vallejo, *Quino,* hijo de poeta, que por ese motivo se quedó un año sin jugar.

José Damián González avanzó rápido y lejos. Tenía ese instinto que necesita el periodista o esa curiosidad que no cree en los días perdidos. Por eso la historia continúa viva 34 años después, en los que ejerce de redactor jefe en *La Gaceta de los Negocios*. El día que contacté con él sólo le protegía esa vocación. Era ya de noche y estaba hecho un desastre. Tenía el ligamento sacroilíaco dolorido y se recuperaba de un catarro interminable. Sabía a la hora a la que había entrado al periódico, «a las once menos cuarto», y desconocía a la que saldría. Pero, en realidad, hace 34 años, ya era así. «En el periodismo lo único que no se le puede impedir a uno es llegar tarde a casa». Valía la pena. José Damián González se lo contaba a su hermano Jesús. Cada mes era una aventura. Cada día, incluso. Cada noticia. Viajó como enviado especial al Mundial de México 86, donde despertó un día con una noticia que, por lo visto, fue el primero en dar. «Un jugador me contó que la selección se había alojado en un hotel, donde también había prostitutas, y, claro, se armó la mundial». El nombre del jugador todavía no se dice. «Eso no se dice nunca». Alma de periodista, claro.

Su reputación inconformista creció rapidísimo. Marchó a *Diario 16* cuando era un periódico estelar, pero allí siguió sin hacer las paces con lo más cómodo. Rápido se enemistó con Javier Clemente el día que le recordó en el papel que, cuando él era entrenador del Athletic, le molestaba que llevasen a sus futbolistas a la selección. «Hasta entonces nos llevábamos muy bien, porque yo siempre había simpatizado con el Athletic». Años después, Jesús Gil, desde la presidencia del Atlético de Madrid, se refería a Damián como «el del *Grapo 16*». Aquello tal vez fue en 1989 cuando había un sueño más que se hacía realidad. Sus padres tenían otro diario que comprar en el quiosco. Se trataba de *El Mundo*, que arrancaba en medio de la incertidumbre. «Seis años después de que le echasen de *Diario 16*, Pedro J. Ramírez se arriesgó con este proyecto». Y el que lo cuenta es Jesús, el hermano menor, que desde el primer día firmaría con el apellido de la madre: Alcaide. «Una semana antes de salir el periódico, me llamaron para entrar en Deportes». Aceptó, claro. Trabajaba entonces en las Ediciones Reunidas del Grupo Zeta y los fines de semana hacía crónicas de Segunda División para *El Mundo Deportivo* desde Madrid. Pero seguía pensando que él quería informar de deportes a tiempo completo, como su hermano mayor. Hoy, 22 años después, ya sabe lo que es. Sigue siendo redactor de *El Mundo* y, en lo sustancial, es un escritor de periódico metafórico y cuidadoso. Ha comprobado que «la actualidad lo devora todo» y no hay tanto espacio, como quisiera, «para hacer reportajes en profundidad». Sí le cuesta más negociar la anarquía de esta profesión. «Tengo dos hijas pequeñas». Hasta la primavera, cuando acaba la Liga, los fines de semana, prácticamente, no existen para él.

José Damián ya casi no participa de este debate. Tuvo la suerte de casarse con una mujer, licenciada en Ciencias de la Información, que le entendió rápido. Tiene, incluso, una hija, que se dejó seducir por el periodismo deportivo, cuya nómina ahora está en la misma empresa en la que trabaja su padre: Intereconomía. Las hijas de Jesús aún están en edad infantil y, que se sepa, todavía no han dicho sí al periodismo, a este periodismo de ahora que no es el que se escuchaba en esa habitación del barrio de San Bernardo, Madrid, en la década de los 70.

José Damián todavía recuerda al Brasil de Pelé, Jairzinho, Tostão o Rivelinho, el Mundial de Méjico 70 en su plenitud. Jesús es más pequeño. Su memoria aparece con el Ajax de Cruyff, Johnny Rep, Piet Keizer, Neeskens. Quizá con el Mundial de Alemania 74 y, sobre todo, con el bautizo de su hermano en el periodismo. Tenía once años cuando José Damián llegó a *El País*. El día que le preguntó cómo era todo aquello le sonó a otro planeta. Se escribía a máquina y cada folio contenía 30 líneas que en la página del periódico se convertían en 60. Son cosas que nunca se olvidan y que sólo se cambian «porque hay que cambiar: el mundo cambia».

2. Taquígrafos y dinero suelto

Alcaide también se incorporó a esa profesión cuando todavía quedaba prehistoria. Había taquígrafos en los periódicos; muchas crónicas se mandaban por fax, y las comunicaciones eran durísimas para los enviados especiales. «Yo siempre llevaba dinero suelto para buscar una cabina de teléfono». Otra cosa es que la cabina estuviese libre. Pero esos eran los riesgos del periodismo, deseables sólo para gente como ésta, que había prometido comerse la vida. «¿Para qué estudiar otra cosa entonces?». Sí, efectivamente, aquel era un periodismo con más intriga, en el que había que correr más que la policía. Alcaide iba, a menudo, a la Ciudad Deportiva del Real Madrid, donde se situaba detrás de la valla y los futbolistas le atendían. También hacía guardias en el estadio Santiago Bernabéu e igual conseguía la amistad del chofer del presidente del Real Madrid que podía no venir mal. A pesar de no fumar, jamás olvidaba el mechero en el bolsillo para ofrecerle fuego a Ramón Mendoza. «Aquel hombre no compraba tabaco en su vida». Sería Mendoza, precisamente, el que más se enfadó con su hermano el día que destapó en *Diario 16* el dinero que cobraba cada jugador de la quinta del Buitre. «Llamó al director de mi periódico para enterarse inmediatamente de quienes eran mis fuentes», señala José Damián.

Fue una llamada en vano en una época que, sin darse cuenta, se retiraba. Aparecían los primeros ordenadores portátiles y los enviados especiales se vacunaban contra el miedo. Jesús Alcaide seguía los pasos de su hermano. Coincidieron los dos en el Mundial de Italia 90, primero, y en el de EEUU 94 después, donde Jesús fue uno de los primeros en enterarse, «junto a Pablo Mialdea de *As*», de la noticia que jamás hubiese querido dar: Maradona daba positivo en un control antidopaje. Una lástima, porque Maradona era su ídolo y deseaba «narrar en directo un Mundial como el que había visto desde casa en Méjico 86». Allí, precisamente, estuvo José Damián, que todavía está, seis Mundiales y seis Eurocopas después, toda una vida. Quizá por eso el día que España se proclamó Campeón del Mundo en Sudáfrica lloró frente a la cámara, vestido con el uniforme de la selección, en el programa *Punto Pelota* de Intereconomía.

No era él. Era el sentimiento de tantos años. Quizá esparcidos por ese barrio de San Bernardo en el que crecieron y en el que aprendieron a juzgar a los futbolistas. Arrancaron desde la humildad, hijos de un portero de finca. «Mi caso fue diferente», admite Jesús, «porque tenía a mi hermano que me ayudó». Después, se adaptaron a un nuevo mundo, a un periodismo distinto, en el que no pasa como antes. Damián se acuerda de contestar por teléfono a entrenadores que le llamaban cuando escribía algo que no les gustaba y le decían «no esperaba esto de ti». «Benito Floro, sin ir más lejos, cuando era técnico del Real Madrid». Hace tiempo que no le pasa. «Ahora hay demasiados medios como para que los deportistas puedan leerlo todo», añade. «La manera de enterarte de si están de acuerdo contigo es si pides una entrevista y te la conceden o no».

Quizá también en este periodismo de ahora se abusa demasiado. «Quizá sea hasta de *hooligans*», insiste. «Te pueden llamar desde la delegación andaluza de Sevilla, antes de un Real Madrid-Betis, e igual lo primero que te preguntan es "¿tenéis miedo?"». Algo impensable en el 76, cuando empezó Damián o en el 89 cuando lo hizo Jesús. La neutralidad mandaba. El periodista multimedia no existía. Los futbolistas debían hablar con la prensa. Ahora, tienen Twitter. Y los periódicos de papel, como jamás pudieron pensar estos niños, intuyen su decadencia. Jesús teme por el futuro de las redacciones («veo que acabarán con tiradas muy pequeñas»). Y, entre tanto, se ha adaptado al futuro. Tiene un blog *(Championstar)* alojado en la web de *El Mundo*. Colabora por las noches con Radio Nacional de España (RNE). Su voz también contribuye al gobierno de las tertulias, «donde a veces no te queda otro remedio que alzar la voz». Pero se dibuja como un hombre graduado en el medio escrito, y por eso no le seduce nada ir a hacer una entrevista con una cámara detrás. «Se pierde toda la espontaneidad y es más difícil que el futbolista se sincere. Si antes una grabadora ya imponía respeto, no digamos ahora nada con las cámaras».

José Damián también es hombre de televisión. Anochece como colaborador en el programa de Josep Pedrerol, al que acompaña desde su etapa en Punto Radio. Antes, fue tripulante de *El Larguero*, Cadena SER, de toda esa emoción y sentimiento. Un día, lejano día de 1995, José Damián González compartió sin evasivas la felicidad del EGM. Y se vio brindando junto a los demás, porque habían terminado con el dominio de José María García que duraba desde 1973. Le resultó extraño. José María García era el hombre que durante tantas noches impidió el silencio en esa habitación, en la que se concentraban sueños de periodista. Sin ellos, Damián no hubiera sido lo que es. Su hermano, posiblemente, tampoco.

En un mundo de hombres | 16

1. Fobia a la sangre

En un mundo de hombres, el padre hizo de ejemplo. «Veía que se lo pasaba bien con su profesión, conocía a gente y viajaba gratis». El padre era Tomás Guasch, un apasionado periodista que trabajaba en *El Mundo Deportivo*. La hija, Susana, que en el verano de 1986 fue a esperar a su padre al aeropuerto de El Prat en Barcelona y lo vio aparecer, al borde de la locura, con un sombrero mejicano. «Venía después de estar 40 días fuera tras el Mundial de Méjico». Allí también esperaba Tomás, el hijo mayor, que parecía el idóneo para suceder algún día al padre. Pero prefirió Derecho y hoy trabaja en Banesto. Así que la sorpresa viajaba en los silencios de Susana, la niña que un día olvidó su deseo de ser veterinaria. Descubrió un problema sin solución. «Tenía fobia a la sangre». Tampoco obedeció al padre, que pedía a gritos «un cardiólogo en la familia». Hizo filas entorno al periodismo deportivo.

A los 19, en su primer año en la Universidad Internacional de Barcelona, Susana comenzó a trabajar en un periódico *Blanc i Blau*, dedicado a la información del RCD Espanyol. Sólo le pusieron una condición: ser socia del club. Lo era. «Trabajaba cada día, no me daban ni para el metro, pero aprendí muchísimo. Escribía crónicas, hacía entrevistas, reportajes... La anécdota es que vendíamos el periódico nosotros mismos cada domingo que el Espanyol jugaba en casa».

Su primera crónica, un partido del infantil B, se la enseñó a su padre cuando ya estaba impresa. Sin querer, el padre viajó al pasado, a aquella niña que se desvivía en el estadio de Sarriá cuando marcaba el Espanyol de Tommy N'Kono, Gabino o Xavier Escaich. O a esa misma niña que le acompañó en un viaje al Bernabéu, a un Real Madrid-Espanyol, «para aprovechar e ir al zoo por la mañana a ver a los osos pandas. A los 20 minutos de partido, sin embargo, se quedaba dormida en la tribuna de prensa». Tenía entonces seis años y el fútbol ya ocupaba un lugar en su corazón. Quizá fuese la ley del destino o la voz del instinto; el caso es que sus sueños tuvieron buena puntería. Hoy, Susana se ha instalado en ese mundo que sólo parecía para los hombres. Sufrió, «porque había que sufrir», acepta su padre, pero ha encontrado lo que soñaba. Su voz forma parte de la nuestra las noches de los sábados en los partidos de la Liga BBVA en La Sexta. A pie de campo, Susana llega hasta donde no lo hace la cámara. El precio es importante. En su interior, no se cansa de desobedecer a la dificultad. Sabe que «la entrevista final, después de los partidos, es el peor rato de la semana», pero lo acepta como un trato más, la vida es así.

Susana Guasch pertenece a una generación moderna en la que ya no se entiende el periodismo deportivo sin mujeres. O, al menos, se le juzgaría incompleto. También obligaría a una severa reforma de la plantilla de La Sexta. «El 80% son mujeres en Informativos y Deportes». Pero en 1981, cuando su padre empezó, el periodismo deportivo era un oficio chapado a la antigua, sin posibilidad de que un hombre como Beckham invitase a comer, antes de marcharse a Los Ángeles, a esas mujeres periodistas que a veces lo entrevistaban en la zona mixta. «Un día, Beatriz Iglesias, una compañera de Canal Plus, le dijo que tuviese un detalle antes de marcharse», recuerda. «Una semana después, recibíamos la invitación ella, Blanca Benavent, compañera de *La Razón*, y yo. Resultó ser un día inolvidable. Me acuerdo que también estaba Victoria Adams, su mujer, sus suegros y vimos que Beckham, sin timidez, se manejaba en castellano. Pero lo anecdótico fue que una semana después, recibimos en nuestros puestos de trabajo, un ramo enorme de flores y un lote de productos de cosmética de su firma».

A mediados de los 80, Tomás Guasch vivía el origen de todo esto cuando vio entrar a una chica de prácticas, la primera, en *El Mundo Deportivo*. «Se trataba de Inma Mentruit, que todavía sigue». Susana era una niña que encendía la televisión las tardes de los sábados. Veía a Olga Viza presentando *Estadio 2* y no sabe en qué lugar de su memoria sitúa a María Escario, «tal vez, en los Juegos Olímpicos de Barcelona 92». Pero sí sabe que pensó «¿por qué no puedo ser como ellas?». Y la pregunta despertó todo su inconformismo. Su padre sólo le avisó, «bueno, ya sabes que en esta profesión hay que echarle mucho valor». La conversación seguramente sería larga. «Somos una familia en la que se habla mucho». Y antes de pagar el primer plazo de la matrícula en la Universidad Internacional de Barcelona, volvió a advertirle: «Susana, esto ya no es ninguna broma». El día en el que se licenciaba le hizo un rapidísima lectura de lo que significa el periodismo: «yo siempre he dicho lo que quería decir y nadie me ha dicho lo que tenía que decir».

2. Sí, yo estaba en paro

Tomás Guasch, efectivamente, no olvida que cuando la niña nació, en la primavera de 1979, él estaba en paro. «El periódico en el que trabajaba, *Solidaridad Nacional*, cerró». Pero la hija ya no necesitaba que nadie pusiese precio a su ambición. Hoy, rebosa verdad después de media década realizando los inalámbricos en los partidos de La Sexta. No hace mucho, el entrenador Gregorio Manzano le preguntaba «Susana, hija, ¿cuánto tiempo vas a seguir pasando calamidades?». Y Susana entendió la pregunta, porque esas noches sentada en un banco a la intemperie, llueva, nieve o granice, y con un cuaderno de notas que tal vez trate de proteger de la lluvia, recuerda que esto no se parece nada al resto de la semana. Entonces presenta los informativos en un plató, maquillada y protegida de toda esa actividad tormentosa. «Pero es que esto engancha y, además, así hago contactos», le dice a Manzano, pero Manzano sigue sin creerla: «tú ya has hecho suficientes contactos».

Susana se retira y vuelve a recordar lo que decía su padre: «si fueses de Ciencias, los horarios serían más cómodos, trabajarías de lunes a viernes». Y ella, en este mundo en el hombres y mujeres son iguales, y en el que se vive a la velocidad de la luz, también lo piensa ese día en el que va a entrevistar a Messi. Acaba de hacer un doblete en un anónimo partido de Copa que está deseando terminar. Susana lo tiene a su lado, como sucedía en Radio Estel, «cuando trabajaba sin cobrar». Lo conoce desde entonces. «Pero, de pronto, aparece Guardiola, le coge por la espalda y se lo lleva». Sólo le queda la insuficiente recompensa anímica de ver como Messi la mira («es él, es él») y el desafecto informativo de no tener a quien entrevistar esa noche. Pero así es esta profesión, así es la batalla de los periodistas que perdieron parte de su derecho a improvisar, hombres y mujeres por igual. «Yo tengo amistad con Casillas, pero si quiero hacerle una entrevista he de pasar obligatoriamente por el departamento de comunicación del club». Un día de no hace tanto tiempo, Susana le preguntó a Ronaldinho «¿te puedo hacer un reportaje?». Y se hizo «sin necesidad de pedir permiso a ningún jefe de Prensa».

Los tiempos, efectivamente, han cambiado. A veces, para peor. Otras, para mejor. Hace 25 años, cuando Tomás Guasch vio entrar a Inma Mentruit en *El Mundo Deportivo*, estas cosas no les pasaban a las mujeres. Bajo ningún concepto se las imaginaba con un micrófono en la banda. A Susana, sin embargo, le encanta el olor a hierba. O, más bien, su vida ahora no se entiende sin él. Hace 25 años, tampoco tenía el reloj que le regalaron sus abuelos cuando se licenció: hablaba de veterinaria, de «un perro en casa, por favor», y no estaba registrada en el Twitter, pero ahora sí. Desde ahí, Susana recibe «cientos de mensajes de niñas de 14 y 15 años» que le dicen que quieren ser como ella. Esas niñas, sin embargo, no saben que en la banda Susana pasa sus apuros y que, si no fuese tan impulsiva, probablemente desistiría. Pero entonces no sería como su padre ni nieta de un ex directivo del Sant Andreu, el origen de tanta devoción por el fútbol. Quizá por eso ella misma desplazó el miedo a la batalla. «No, claro que no estoy libre de codazos, sobre todo en estadios como La Romareda en los que, al finalizar el partido, salen todos los inalámbricos». Y, sin necesidad de interrumpirla, ella misma se formula la pregunta, «¿acaso este trabajo es para mucho tiempo? El primer año me costó muchísimo. Venía del Mundial de Alemania 2006, donde pides un jugador a los empleados de la FIFA quince minutos antes de empezar el partido, y te lo traen, porque están obligados por contrato. Sin embargo, en la Liga BBVA casi siempre es el "sálvese quien pueda"».

La fuerza, por lo tanto, está en la costumbre, en esa costumbre que amaneció hace 25 años para Susana, una niña, de la mano de su padre en el desaparecido estadio de Sarriá. Años después, ya era diferente; Susana ya era una mujer que sacó el corazón de su sitio al padre el día que le dijo que coincidirían de enviados especiales en el Mundial de Alemania 2006, él en el *As* y ella en La Sexta. Entonces miraban hacia abajo y, a diferencia de lo que pasaba en Sarriá, la realidad no escayolaba sus deseos. Sí, había mujeres con un inalámbrico en la banda. Ese mundo de hombres, de trincheras y ojos de fuego, les había concedido a ellas la bienvenida sana, formal y para siempre. La siguiente pregunta subió pronto de volumen: ¿quién será la primera mujer en retransmitir un partido de fútbol? La respuesta espera cada día más impaciente. Y Tomás Guasch, claro, acepta esa impaciencia. Susana sólo sonríe.

Planeta Gasol | 17

Antoni Daimiel es hoy la voz de la NBA en España. En 1990 era sólo un joven estudiante de periodismo. Se iniciaba en Canal Plus y cobraba 60.000 pesetas. Tenía una edad sin prisas, 20 añitos. Ni una sola responsabilidad familiar, juventud y hambre. Sus sueños no protestaban en ningún lugar. Cada fin de semana viajaba a una ciudad para buscar historias en los partidos de Liga y alimentar aquel programa de *El día después*, en el que sólo se sabía donde estaba el campamento base. Después, se admitía todo. «El director era Alfredo Relaño y nos mandaba con un cámara con la idea de hacer lo que se nos ocurriese». La historia podía estar en cualquier parte, hasta en un trozo de hierba o en un bocadillo de tortilla francesa. Arrancaba modestamente y la dirección era la que establecían sus reporteros, la poderosa imaginación. Era, en definitiva, un periodismo para valientes. «A veces, no se conseguía nada», recuerda Daimiel, «pero se jugaba con eso». Y la realidad es que encontró historias inolvidables como aquella vez en la que siguió a varios jugadores del Deportivo, que salieron a la calle a comprar pipas antes de un partido. «Fue en el Sánchez Pizjuán con Villa, Uralde y Mújica y recuerdo que luego los porteros del estadio no querían dejarles entrar, la hora del partido se echaba encima, y todo eso lo grabaron nuestras cámaras».

Relaño, sin embargo, sabía de su cariño por el baloncesto, por el equipo de su vida, el Fórum Filatélico de Valladolid. Cuando Canal Plus consiguió los derechos del baloncesto universitario, primero, y de la NBA, después, le ofreció la posibilidad de pasar a ese otro mundo. Daimiel aceptó encantado. Abandonó unas difíciles condiciones de trabajo, en los estadios de fútbol españoles, donde no le sobraba felicidad. «Trabajabas como en una selva», recuerda, «ibas con un micrófono y tenías que buscarte la vida. Los problemas eran continuos: comenzaban con los porteros de los estadios, que no siempre te dejaban entrar, y nunca se sabían donde terminaban». Una vez que llegó a la NBA, todo cambió. Daimiel encontró «un mundo color de rosa, en el que el periodista no tenía que improvisar nada ni convencer a nadie» de que le dejase pasar. La ideología era diferente. «No se trata de que allí sean más generosos o más amables. Yo diría que es una cuestión de organización que está especificada en los contratos de los jugadores, que sienten su relación con la prensa como una parte del negocio. Pero, sobre todo, hay un factor crucial: el tiempo que te dedican no les parece a fondo perdido, saben que el periodista forma parte de su profesión».

Alejandro Delmás Infante es otro de esos periodistas que no consiente la indiferencia. Su vida, en teoría, estaba orientada hacia la carrera judicial como la de su abuelo, Blas Infante, notario, historiador y padre de la patria andaluza. Delmás estudió hasta quinto de Derecho, que fue cuando lo dejó. «Había empezado a ganar dinero con el periodismo y decidí arriesgar con este mundo». Y llegó ese día en el que cruzó el océano para cubrir su primera final de la NBA como periodista en 1988, entre Los Ángeles Lakers y Detroit Pistons. Tenía ya legado en la profesión, manchas de leopardo y piel de elefante, como dice él. Un ansia incorregible por la historia y paciencia para hacerse mayor. Y, de repente, llegó a la NBA y comprobó que, a diferencia de lo que pasaba en España, «nada era imposible». Y estableció un pacto de por vida con ese mundo.

Hubo un año, incluso, en el que alquiló un apartamento en Los Ángeles en la temporada 96-97. «Trabajaba para *El Mundo* y *Gigantes* y me ofrecieron un dinero muy superior al que me daban si me quedaba en España». Delmás estableció su propia línea de fuego. Viajó de costa a costa en Estados Unidos, se alojó en hoteles que quedaban «a más de cien kilómetros de los pabellones»; a aeropuertos lejanísimos «como el de Detroit»; a pelear las acreditaciones; a un idioma único, «que era más difícil de entender», y todo eso le fortaleció en la profesión. Desde entonces, dice que «el periodista que es capaz de cubrir por sí solo unos *play offs* de la NBA, no debe tener miedo a nada».

Pero también admite que en ese mundo las recompensas son más rápidas. No es tan fácil, «porque lograr buenas historias nunca lo fue», pero la diferencia es que la NBA siempre hospedó a los periodistas en su corazón. Los vestuarios de los jugadores abrían sus puertas. «Veías la pizarra, el pre-partido y el post-partido», y era preferible. Había más datos de juicio. «Ves desde el reloj que llevan hasta el champú que utilizan, así que no sólo conoces al deportista, también a la persona», explica Antoni Daimiel, que cada año viaja dos veces a Estados Unidos, una para el *All Star Weekend* en invierno y la otra para las finales en verano. Y no es lo mismo que todas esas madrugadas, en las que retransmite los partidos desde un estudio en Madrid. «Tienes más elementos de juicio, claro».

1. Sería un marginado

En realidad, la NBA posee otra cultura periodística o otras reglas, como reivindica Delmás. «Yo he visto escándalos de periodistas españoles porque para comprar tabaco les han pedido el pasaporte». Pero como dice él, «la NBA te asoma al mundo de Estados Unidos», en el que difícilmente se justificaría a un hombre como Guardiola, el entrenador del Barça, que se niega a conceder entrevistas personales. Alejandro Delmás asegura que si mañana pretende entrevistar «a Kobe Bryant, después de un entrenamiento de los Lakers, lo normal es que te dedique un tiempo y si sabe que vengo de España no le importe excederse».

Y, dada la ideología de esos jugadores, allí surgen anécdotas como aquella que le pasó a Jorge Quiroga en su época de director de la edición española de la revista NBA. Estaba en el vestuario de los Sixers entre la multitud de medios. Todos, casi sin excepción, deseaban a Allen Iverson, *The Answer*, con sus tatuajes infinitos y su preciosa dentadura. «Él se percató que yo era de un medio extranjero», explicó Quiroga, «y en cuanto tuvo ocasión me pidió que le acompañase al otro extremo del vestuario para hablar conmigo tranquilamente y realizar una entrevista mucho más cercana».

Antoni Daimiel también viaja al pasado, a los años de Dennis Rodman, a aquel hombre de los Detroit Pistons que vivía al revés que los demás y jamás lo disimulaba. «En cualquier otro ámbito de la vida hubiese sido un marginado, pero, amigo, era el máximo reboteador de la NBA». Daimiel llegó «a verle de juerga a las tres o cuatro de la mañana» durante los *play offs* de la final. «Pero, vamos, era algo que no ocultaba a nadie. En Estados Unidos se sabía que Rodman era capaz de terminar un partido de la final, irse a Las Vegas y volver al día siguiente y jugar con la misma intensidad. Y nadie decía nada, porque la pista daba la razón a su manera de vivir». Daimiel se pregunta si eso sería posible en España y contesta con un no rotundo e inmediato. Es más, se le hace fácil pensar que «aquí se juega más con la hipocresía o con tópicos absurdos».

De alguna manera la NBA es la tierra prometida, un paso adelante para el periodista que puede ver a los jugadores en la camilla de masaje y preguntar lo que le parezca a los entrenadores antes y después de los partidos. El 31 de octubre de 1986 ya era así. Entonces Fernando Martín, un héroe de los de antes, debutó en el Rose Garden, el pabellón de Portland Trailblazers. Fue el primer español en hacerlo y la diferencia es que todo eso resultaba lejanísimo. Sólo sabíamos de aquel mundo por lo que nos contaban las revistas y Ramón Trecet, en ese programa *Cerca de las estrellas,* que llegó a presentar desde el Madison Square Garden de Nueva York. Y nos acercó a toda esa gente como Larry Bird, *Magic* Johnson, Pat Ewing o Michael Jordan que hasta entonces tenían un carácter sacro para nosotros.

«Sí, es verdad, parecía que veíamos ciencia ficción», recuerda Daimiel, que era un adolescente en Valladolid, al que no importaba que, en esas madrugadas de los viernes, los partidos fuesen en diferido. Ni se notaba siquiera: no existía Internet. Pero lo importante fue que en ese año 1988 aprendimos a amar aquel mundo de la NBA en el que Alejandro Delmás lograría una entrevista cara a cara con Michael Jordan en Charlotte. «Tuve ese valor, porque no era fácil entrar en un vestuario y encontrarte a Jordan». Volvía a España y no sólo había que creerle, también envidiarle. En realidad, su biografía periodística tiene alma de museo, con huellas que nos parecen capitales extranjeras. «Sí, he vivido más de 50 partidos de Michael Jordan en la NBA», admite.

Alejandro Delmás arrancó justo cuando Fernando Martín dio por finalizada su aventura en la NBA. Había marchado con una idea irrevocable, «cada rebote será una victoria», y le acompañó el periodista de la Cadena SER, Manolo Lama, que apareció en Portland tres días antes de su debut. Lama iba en parte como periodista y en parte en calidad de amigo, en honor a la amistad de cuando jugaban juntos en el Estudiantes. Recuerda que le «pidió que le llevase jamón, chorizo, fabada... En aquella época no se envasaba al vacío y en El Corte Inglés me lo envolvieron como regalo. ¡Recuerdo la cara del policía al llegar a EE UU!». Fue un día impactante, casi impensable en aquellos tiempos en aquel ejercicio de ciencia ficción. «Al saltar a la pista, nos guiñó el ojo a los tres periodistas españoles que estábamos en el Rose Garden» señala Lama, que se acuerda de la estadística, quizá lo menos importante en aquel día. «Fernando jugó dos minutos y dos segundos».

2. Y Pau dijo «¿quedamos para cenar?»

Los tiempos cambiaron y en 2001, cuando llegó Pau Gasol a Memphis, ya se esperaba más. El triunfo sería cada punto, no cada rebote. Los héroes de la NBA se habían acercado, ya parecían de carne y hueso. Antoni Daimiel retransmitió, junto a Andrés Montes en Canal Plus, el primer partido de Gasol con los Grizzlies desde Madrid. Julián Felipo estuvo allí para *El Mundo Deportivo*, donde escribía de baloncesto desde el año 92. Desde luego, nació en una tierra, Badalona, que justificaba esa vocación y, sobre todo, su adolescencia coincidió con la época más alta del Joventut, la de Villacampa, Margall, los hermanos Jofresa... El caso es que en 2001 fue el enviado especial, junto al fotógrafo Pep Morata, a Memphis y recuerda aquellos días en los que Pau necesitaba del periodista: «al principio, sus padres no pudieron entrar en el país, porque no tenían permiso de residencia y de Atlanta tuvieron que volver a Barcelona», señala. «Me acuerdo que Pau estaba muy solo, no tenía a nadie y nos llamaba para quedar a cenar por las noches».

Jesús Sánchez fue el cronista de *Marca* que estuvo allí, el hombre que hoy se enorgullece de que Gasol tenga una fotografía de su hija con el uniforme de los Grizzlies en el salón de su casa. También ha escrito una biografía del ídolo y tiene una confianza con Gasol que presupone amistad, producto de tantos años. Pero tampoco se le ocurre entrevistarle «sin antes avisar a sus agentes», la ética es lo primero. Sánchez, en cualquier caso, nunca olvidará la primera vez que entró en los vestuarios del FedEx Forum, hogar del equipo de Tennessee, quince minutos después de terminar el partido entre los Grizzlies y Atlanta Hawks. Acostumbrado a esperar horas en la Ciudad Deportiva a que saliesen Davor Suker o Pedja Mijatovic y casi nunca dijesen nada, en la época que hizo fútbol en *Diario 16*, comprobó que era verdad lo que tantas veces escuchó a compañeros que viajaron a la NBA antes que él. «Los periodistas pueden entrar para hablar con los jugadores y buscar sus propias historias. Y allí te los encuentras desnudos, a lo sumo en calzoncillos o acompañados por una liviana toalla, recién duchados o a punto de ducharse». Y recuerda que el propio «Pau también alucinaba el primer día».

De eso han pasado diez años en los que toda esta cuadrilla de periodistas ha acompañado a Gasol a mejores escenarios y casi siempre se han sentido en su hábitat. «A lo mejor, ahora es un poco más difícil que entonces, porque en el último *All Star* había que ir a una zona mixta», señala Alejandro Delmás, «pero aun así no nos podemos quejar». «Yo he llegado algunas veces a las once sin avisar y a las doce ya tenía la entrevista con Gasol terminada y, naturalmente, el fotógrafo que me acompañaba no se lo creía». Antoni Daimiel, que le escucha, sí se lo cree, porque Gasol ejemplifica el personaje idóneo, un equilibrado retrato de la NBA. «Absorbió muy rápido la mentalidad americana». De ahí la facilidad que el periodismo encuentra a su lado. «No se trata de que Pau sea más simpático o más amable», señala Daimiel, «pero es muy profesional. Un tipo seguro e inteligente, que lo graba todo a la primera, que sabe ser fácil para el periodista y que llegó a los Lakers cuando ya era un jugador respetado y generoso en el juego. Quizá, si hubiese venido directamente desde el Barcelona, le hubiese costado más».

Jesús Sánchez recuerda que, tras el último *All Star* de la NBA, «Pau realizó una fiesta en la que también invitó a los periodistas españoles que fueron allí» y que, por poner un ejemplo, le cuesta imaginar a Piqué invitando a los periodistas de Barcelona. Pero también le parece imposible que algún día en España se fotografíe lo que ha vivido él en el vestuario de los Lakers, en uno de sus últimos viajes a Los Ángeles. «Parecía un metro japonés en la hora punta». Y nadie, ni siquiera los mejores jugadores, renegaban de esos periodistas, «que podían superar los 400 y debían esperar su turno a través de unos cordones, porque en Los Ángeles hay muchísimos periódicos locales».

Alejandro Delmás se acostumbró en 1988, «en las finales de Jordan en las que tantas veces viajé con Chicago», y Antoni Daimiel lo hizo junto a un tipo pequeño y distinto, Andrés Montes, al que los propios jugadores de la NBA, a fuerza de verlo, saludaban o daban la mano con afecto. Y la mentalidad americana, decididamente, es otra y es la que le permite decir a Alejandro Delmás que el año que vivió alquilado en Los Ángeles profesionalmente fue el mejor de su vida. Quizá porque, como una vez le dijo Kobe Bryant, parafraseando al viejo Kareem Abdul-Jabbar, «a veces hay que atreverse a ser grande».

173

Antes teníamos el doble de páginas

Antoni Daimiel siempre se acordará del Mundial de Colombia de 1983 en el que la selección española de Juan Antonio Corbalán, *Epi,* Fernando Martín o Wayne Brabender presentó sus credenciales a nuestros corazones. Llegó a semifinales y admitió un lugar entre los mejores. «Estaba de vacaciones en Málaga y por la noche, a las tres o cuatro de la madrugada, me levantaba con mi padre a escuchar la retransmisión de los partidos por la radio». Un año después, llegó la medalla de plata de Los Ángeles 84 que Manolo Lama retransmitió en la Cadena SER desde los estudios de Madrid. Era de madrugada y el país entero aceptó esta causa. El baloncesto acabó con los días color de acero y se hizo más simpático. La nieve se derretía en sus calles. Vivió un cambio gigantesco en el invierno siguiente. Se hicieron carruseles en la radio los fines de semana. Había partidos en *prime time* y el fútbol se sintió ofendido. Antoni Daimiel era socio de aquel Fórum en el que jugaban Samuel Puente, Quino Salvo, Alonso o Seara y recuerda «aquel juego, sencillo y espectacular, en el que ocurría algo impensable ahora: conocías a los jugadores de todos los equipos» fuesen los del CAI Zaragoza, Peñas de Huesca, Collado Villalba...

Jesús Sánchez pasaba entonces al instituto y echa de menos aquella época en la que el básquet se convirtió en el príncipe de la ciudad. «Jugó a rivalizar con el fútbol y yo creo que ahí estuvo el error». Pero fue la consecuencia de una generación de jugadores que, según Manolo Lama, «cayó muy bien a la gente». Él, que había jugado a buen nivel en Magariños, se iniciaba en la radio como narrador de partidos de un baloncesto «en el que los duelos entre Audie Norris y Fernando Martín encendían al país». Y lo memoriza como una luna de miel que se acabó pronto. «Algunos jefes de Deportes de medios importantes eran periodistas de fútbol y no controlaban de canastas y rebotes. Y, por lo tanto, se podían quedar algo indefensos si el baloncesto seguía subiendo y superaba al fútbol», justifica Daimiel.

Julián Felipo se iniciaba en 1992 en el periodismo en *El Mundo Deportivo*, lo que coincidió con el irreversible fracaso de la selección española ante Angola. Pero a veces consulta la hemeroteca del periódico y recuerda que «todavía en aquel año, el baloncesto tenía el doble de páginas que ahora», y es un asunto que a él, periodista especializado, le molesta. «Pero entonces había más impacto mediático». La realidad es que el baloncesto sufrió un bache del que no se ha recuperado. «Coincidió también con un cambio del fútbol que se modernizó con equipos como el Madrid de la quinta del Buitre o el *dream team* de Cruyff», añade Antoni Daimiel que, a primeros de los 90, trabajaba en aquel *El día después* que ayudó «a convertir el fútbol en un fenómeno para toda la familia en los hogares. Las mujeres y las niñas empezaban a seguirlo, a ir al campo, a forrar carpetas con sus jugadores favoritos...».

El baloncesto, incluso, dejó de ser el príncipe de la ciudad a nivel informativo. Muy a pesar de su corazón, Felipo reconoce que «hay deportes como el tenis o la Fórmula 1 que han crecido, pero nosotros no, y esto es algo que se ve en el día a día, en la distribución de las páginas en los diarios».

El 84 pudo volver, pero no volvió. A ese príncipe, que fue el baloncesto, a esa Liga ACB ya no se le percibió con el mismo cariño. Y eso que hubo motivos. Los éxitos de Pau Gasol en Estados Unidos, de José Manuel Calderón, de Jorge Garbajosa, en su época, hasta de Rudy Fernández ahora en Portland o Marc Gasol ocupando el puesto de Pau en los Grizzlies. Gente que trabaja a buen nivel en la NBA. También habría que aceptar el Mundial de Japón 2006, la plata de Pekín 2008, aquella final ante Estados Unidos que devolvió al baloncesto a portada y, como en el 84, pasó la frontera. Pero sólo fueron días alquilados, a los que luego ya no respaldó tanta gente y cada invierno, hasta que aparece la Copa del Rey en el calendario, el básquet se ha acostumbrado a la timidez de la periferia.

Jesús Sánchez lo vive en *Marca* y eso que las condiciones de trabajo, a diferencia de la gente que hace fútbol, son agradables. Su crónica diaria es pacífica y muy independiente de las demás secciones. «Aquí es raro encontrar un bicho raro que haga sufrir al periodista». Un lunes pidió una entrevista personal con Felipe Reyes (pívot del Real Madrid) después de un artículo de opinión en el que le juzgó con exigencia en *Marca* y se la concedieron el miércoles. «Al principio, Felipe me dijo que estaba molesto conmigo», señala Sánchez, «pero después de leerlo varias veces lo interpretó como una forma de motivarle, de ayudarle por mi parte».

El grupo de actores, en realidad, es más limitado y no hace falta romper espejos. Hay silencios entre semana, amores correspondidos y tiempo para trabajar historias que te diferencian de los demás. «El baloncesto no genera tanta información: en el fútbol cualquier cosa es noticia; aquí no». La figura del jefe de Prensa llegó a los clubes, pero tampoco significó un gran impedimento. «Ahora, ya no tenemos acceso directo a los jugadores, pero si yo tengo una urgencia, y necesito localizar a Navarro puedo hacerlo y sé que me va a coger el teléfono», declara Felipo que, a través de Navarro, evalúa el perfil general de estas gentes. «Él es como un estandarte, sí. Ha logrado casi todo, pero sigue siendo el mismo que era antes de ser una estrella. Tiene su particularidad. A su lado, sabes lo que te vas a encontrar: un tipo tímido, reservado, que no es la chispa de la vida. Pero hay otra característica general que vale para todos estos jugadores. Se trata de gente que va sin dobleces, que sabe que, a veces, el periodismo les necesita y que no te hacen esperar».

1. La residencia especial

«A los doce años, cuando era alevín, yo ya le había visto jugar diez o doce veces». Joan Solsona, el especialista de tenis de *Marca*, se refiere a Rafa Nadal. A mediados de los 90, Solsona sólo era un estudiante matriculado en la universidad de Periodismo de Barcelona. Venía de Lérida. Pudo buscar un piso compartido y no lo hizo. Prefirió una residencia en la zona alta. Y fue como si la casualidad le ofreciese un trato. A los pocos días, descubrió que allí se alojaban tenistas de élite como David Sánchez, Marat Safin o Álex Calatrava cuando venían a competir a Barcelona. Entre diario, también había suficientes raquetas. Vivían jóvenes de la edad de Nadal que se educaban para viajar lejos. La diferencia de edad convirtió a Solsona en el hermano mayor. Y todos esos niños, destinados a echar un pulso al futuro, le hablaban siempre de uno muy especial en Baleares. Tenía, decían, la piel invencible. «Y, al final, claro, te apuntas a caballo ganador».

Joan Solsona es hoy el especialista de tenis en *Marca*: el hombre que sigue a este muchacho en los cuatro torneos de Grand Slam. Todas esas casualidades también le ayudaron a viajar tan lejos. La vida es así y, a veces, hasta decide por ti. Cuando terminó tercero de Periodismo, Solsona sólo era un becario más de los que llegó a la redacción. Pero entonces ya había algo que le diferenciaba. «Tenía unos contactos que llamaron la atención». Y se explica: «que venga un chaval que, de un día para otro, te proponga un reportaje con Martina Hingis, que era la número uno del mundo, y lo haga, sorprende». Él lo hizo. Había conocido, en aquella residencia de estudiantes, «a Julián Alonso, que entonces salía con Hingis y me facilitó el modo de acceder a ella». Su relación con el tenis se hizo adulta para siempre. «Sí, porque hasta entonces yo sentía una afinidad justa con ese deporte. Había jugado en el Tenis Urgell de Lérida, de donde salieron Albert Costa o Conchita Martínez, pero no iba más allá de eso». Despertó también un periodista especializado. Un mundo aparte. Una envolvente melodía, que seguramente le alejó de cubrir partidos de fútbol. En el año 2000, tenía la solución. Viajaba a su primer Grand Slam, Melbourne, en el Open de Australia. Allí había jugadores españoles de categoría como Alex Corretja, Carlos Moya, Juan Carlos Ferrero o Alberto Berasategui. La talla era alta, pero no era lo de ahora. Aún no se sabía nada de ese chaval de doce años que iba a revolucionarlo todo, a los propios periodistas incluidos.

Solsona tenía derecho a imaginarlo. El pasado siempre importa. Alejandro Delmás, sin embargo, no. O, al menos, no arrastraba esos lazos tan fuertes. Viajó como enviado especial de *As* a Brno, a la eliminatoria de la Copa Davis 2004, en la que Nadal apareció desde lo inesperado. Gestionó sus partidos con un aire moderno y triunfal. Capaz de derrotar, incluso, a Radek Stepanek a domicilio y en moqueta *indoor*, aquel fin de semana se grabó a fuego en la memoria de Alejandro Delmás. Jamás lo olvidará, «porque él tampoco nos olvida a los que estuvimos allí». Sólo fue el prólogo o ni tan siquiera eso. Sí recuerda Delmás de acercarse a ese muchacho. Y de preguntarle a solas. Y de no encontrar semáforos en rojo. «Aún no había ganado nada». Unos meses después, empezaba la fiesta. Rafa Nadal ayudaba a Moyà a ganar la Copa Davis a Estados Unidos en Sevilla. Joan Solsona se acuerda de salir con ellos a celebrarlo «hasta las tantas de la madrugada». También volvió en el mismo vagón del AVE a Madrid. Seguía sin haber problema. «Tenía su móvil y podía utilizarlo para realizarle una entrevista sin pedir permiso a nadie». Hoy, sin embargo, ya no y se acepta. Sobran los motivos y no faltan las razones. El tenista es otro mundo.

2. Favores personales

El 18 de agosto de 2008 se convirtió por primera vez en número uno del ránking ATP. En realidad, nada cambió en Nadal, lo que cambió fue su trascendencia, su dominio público. Su fotografía perduró en el tiempo, al lado de su tío Toni, que le enseñó a conjugar el verbo «aguantarse, porque, por mucho dinero que tengas, habrá cosas que no podrás controlar». Aún le recuerda que en esta vida hay que ser austero y le insiste que «si se cree alguien por jugar al tenis sería tan estúpido como creerse alguien por jugar bien al escondite». Y los periodistas, que han viajado a su lado en estos últimos años, radiografían bellas anécdotas que ponen precio al corazón.

Alejandro Delmás no era como Joan Solsona. A primeros de los 80, escribió algo de tenis en *ABC* de Sevilla. Coincidió con el final de Björn Borg y el inicio de Ivan Lendl o John McEnroe. Pero no acostumbraba a viajar por el circuito profesional. Venía de recorrer la NBA en Estados Unidos, de hacer literatura deportiva en *El Mundo* y, a veces, de perseguir al diablo. Dice que «como era un periodista incómodo para los presidentes de clubes de fútbol, me tiraron al océano y me dijeron "anda, búscate la vida"». Así que la casualidad también le ha ayudado a vivir el fenómeno Nadal, a relatarlo para los lectores de *As*, a humanizar al personaje. De hecho, lo primero que pregunto a Delmás es por el valor del hombre, no del personaje. Y entonces recuerda el pañuelo que Nadal le firmó a su hija, la promesa de conocer a su madre de 80 años «y los favores personales, claro». Delmás viaja a aquella vez, en Wimbledon, en la que su sistema nervioso acusaba el poderoso pecado de la urgencia. «Su jefe de Prensa no estaba por la labor de concederme una entrevista que me pedían desde Madrid y, de repente, apareció él y dijo que sí, que la hacía». Pero ahora, aun teniendo su teléfono móvil, ya no se le ocurre utilizarlo. «¿Por qué?», se pregunta Delmás. «¿Acaso Nadal ha cambiado? No, no lo creo, pero hay un control máximo a su entorno. Sé que, si le llamo sin el permiso de su equipo de comunicación, me meto en un follón muy gordo. A los cinco minutos, van a llamarme y echarme una bronca».

Joan Solsona también acepta esas reglas: «tiene un jefe de Prensa que trata a todos por igual». Y lo entiende: «son 1.000, 2.000 peticiones de entrevistas al año y no debe ser fácil dosificar ese volumen». Él sólo tiene derecho «a dos entrevistas al año» y debe «pedirlas con varios meses». Naturalmente, ha perdido la libertad que tuvo con aquel chaval, al que le realizó su primer reportaje «a los doce años, junto a su tío Miguel Ángel Nadal, que entonces jugaba en el Barça». Eran otros tiempos y otras vidas. La relación nunca cruzó la amistad: «no era posible», sostiene. «Entre nosotros hay una barrera de quince años que lo impide. Yo nunca le he llamado para contarle un problema».

Sí conoció algo más que el personaje. Conoció a un tipo con el que los periodistas casi nunca son imparciales. Vivió a un joven que no abusa de lo material y que sabe moderar la impaciencia en los aeropuertos. También escuchó a ese héroe, al que el mundo concedió sus mejores adjetivos al día siguiente de ganar Wimbledon 2008. El éxito no ocultó al hombre. Nadal se acercó a Solsona para felicitarle.«He leído tu periódico y me ha encantado», le dijo. «He visto que has firmado 16 páginas tú solo y me parece increíble con lo tarde que terminó el partido». La lluvia, efectivamente, retrasó el sueño casi hasta la noche, pero Nadal es un hombre que acepta la espera. «Soy impulsivo para lo positivo, nunca para lo negativo», le dijo una vez a Solsona. El periodista también sabe de su enfoque vital y, antes de ese día en Wimbledon, ya sabía que Nadal acostumbra a leer lo que se escribe de él. «En general, todos los deportistas leen más de lo que luego dicen». Pero, si profundiza en el caso de Nadal, posee más datos hábiles. «En 2005, cuando era número dos del mundo, yo me acuerdo que era el típico que por las mañanas se conectaba a *marca.com* para ver los diez u once equipos que tenía en la Liga Fantástica y devoraba lo que se decía de él».

Pero en esos años era otra cosa, otro tenista al que Alejandro Delmás le contaba que, en sus tiempos jóvenes, él también había jugado al tenis como federado y hasta le desafiaba con su estigma andaluz: «cuidado conmigo que tengo una derecha, un *drive* y un revés». Quizá hasta se hubiese atrevido a desafiarle en una pista de atletismo. «Yo he corrido un kilómetro por debajo de 3.00' (2,49), y quien sepa de eso sabe que son palabras mayores». Pero, claro, hoy es diferente. Los años han pasado para Delmás y el acceso a Nadal no es el que fue. «Es número uno del ranking del ATP. Todo lo que hace genera dinero y hay un equipo de comunicación a su lado que debe poner precio». Los periodistas, aunque le conozcan desde los doce años, deben respetar las reglas. «Y no hay que engañarse», insiste Delmás. «Cada entrevista con él forma parte de un compromiso, porque de alguna manera ese hombre es como una multinacional».

Y entonces Solsona insiste en la naturaleza de este proceso, «que es igual en todas partes». Viaja a la primera entrevista que le hizo a Sharapova cuando tenía quince años. «Hubo un *colegueo* que se mantuvo dos o tres años hasta que ella se hizo una estrella». Después, se interrumpió. «Y no fui yo, claro. Y tampoco ella. Es el entorno el que te aísla, a no ser que seas amigo de toda la vida, porque para ellos nunca dejarás de ser periodista. Si te ven en el restaurante a la hora de cenar, no es lo mismo que si ven a un arquitecto». Pero el periodista ha aprendido a convivir con ello. «Mientras el deportista está en activo, sí, claro, no queda otro remedio. Yo no conocí la época de Agassi. Era estudiante, pero siempre escuché que era un hombre distante y que costaba lo indecible lograr una entrevista con él. Pues bien, una vez ya retirado, hablé con él en Las Vegas. Fue una conversación encantadora, sin esos límites a los que uno está acostumbrado cuando entrevista a un personaje de élite. Haces las preguntas que te van a dar los titulares y te encuentras con su agente que te dice "esa pregunta no estaba pactada". Y tienes que aguantar, claro».

El tenis no es el fútbol y ni hace falta que lo sea. «El tenis ahora mueve más porque está Nadal», insiste Alejandro Delmás. Lo valora a partir de otros tenistas españoles, incluso del *top ten*. Gente importante que, sin Nadal, sería más importante. Pero como la realidad es la que es deben aceptar el papel secundario. «Si quiero entrevistar a Ferrero, por ejemplo, mañana tengo fecha y hora: me puedo presentar hasta sin avisar». Solsona retrocede hasta Roland Garros 2009, a días difíciles, a la derrota frente a Soderling y a la lesión de rodilla que impidió a Nadal participar en Wimbledon. «Si yo fui es porque sólo quedaban dos semanas», memoriza, «y ya estaba la reserva del viaje hecha. Si se anula, se hubiese perdido más dinero. Pero, vamos, si se sabe que él iba a estar lesionado, no hubiese ido, sobre todo en estos tiempos de crisis, en los que se calcula cualquier gasto».

Son datos que, naturalmente, impiden la comparación con cualquier tiempo pasado. «Si acaso», bromea Delmás, «habría que ir a esas finales de Santana en Australia que yo veía con mi padre». Joan Solsona entonces no había nacido. Él creció con los éxitos de Bruguera y, en un ejercicio de memoria más alto, de aquella pareja de los 80, Sergio Casal-Emilio Sánchez Vicario, que arrastraba tanta voluntad. Vivía en Lérida y no se imaginaba en un Grand Slam. «Me veía haciendo fútbol, como casi todos». Pero no sólo despertó la imaginación. También lo hizo Nadal. Con él, ya no se sabe donde está el límite. Y es lo que motiva a periodistas como Alejandro Delmás o Joan Solsona. Al fin y al cabo, ellos participan de una historia, de un hombre que nos ha enseñado a ganar en un deporte en el que no estábamos acostumbrados.

Literatura de viajes | 19

1. Amores sufridos

Carlos Arribas, redactor de *El País*, fue un niño en Pedrajas, Valladolid. Su afición por el ciclismo nació de sí mismo. «Quizá para llevar la contraria a todos los que les gustaba el fútbol, que eran muchos». También influyeron esos veranos calurosos en los que pasaba horas jugando a las chapas identificadas cada una con nombres de ciclistas. Se familiarizó entonces con los mejores de la época, con ese legendario equipo Kas de Luís Ocaña, Julio Jiménez, Cifuentes y, en definitiva, toda esa cuadrilla de los 60. Él, que acostumbraba a leer la literatura de viajes de Julio Verne, encontró en el ciclismo más motivos para soñar. «Cuando escuchas las etapas, ves los mapas por donde van los corredores, los puertos, las montañas... Todo eso despierta mucho la imaginación». Su caso luego fue extraño. Arribas no estudió periodismo. Hizo Filología Inglesa. Al terminar la carrera, descubrió un problema: «no valía para dar clases». Buscó una alianza distinta. «Hice el Master de *El País* y la encontré: empecé a trabajar en mesa de redacción, en las tripas del periódico». Un día obedeció a su infancia. Ofreció un par de temas de ciclismo y le pasaron a Deportes. Amaneció entonces el periodista, una obra literaria de la que tantas veces parten trenes hacia el cielo. Cada cima en su cerebro se convierte en una aventura. Quizá por eso, al final, jamás relee lo que escribe. «Me da vergüenza. A lo sumo, le paso el corrector ortográfico».

Los periodistas de ciclismo, en general, son hombres proclives a la literatura. Gente de calle, poetas de carretera. Jon Rivas también se adapta a ese perfil en *El Mundo*. Cree que la razón de ser está en la antigüedad, «en esos tiempos en los que no había televisión y había que fabular mucho. Salían crónicas que eran auténticas epopeyas». En su caso, la afición nació sin una apretada vocación. Fue el ciclismo el que le encontró a él. «El circuito de Guetxo pasaba todos los años por debajo de mi casa el 31 de julio, en la fiesta de San Ignacio». Después, apareció el periodista especializado, en concreto, desde 1994 cuando cubrió la Vuelta al País Vasco para la edición nacional. «Y ese mismo año, Melchor Miralles ordenó que fuese al Giro que ganó Eugeni Berzin y en el que Indurain fue tercero. Y, sobre todo, me acuerdo, porque Alberto Berasategui jugó la final de Roland Garros el día que se corrió la etapa de Aprica, la que ganó Marco Pantani. Mis compañeros fueron a hacer un reportaje a la peña que él tiene en Vizcaya y resulta que, en ese local, casi toda la gente estaba viendo el Giro». Para entonces, Juan Gutiérrez ya era uno de los enviados especiales de *As* a las grandes vueltas. Su primer viaje fue en el Tour de Francia de 1992, el segundo de Indurain. Tenía 21 años y se ilusionaba entre todas esas vidas ajenas y horas de carretera. Sólo fue el inicio, en cualquier caso.. «Había tanto *boom* alrededor del ciclismo que íbamos a todas las pruebas del calendario. Un día hice recuento y pasé 142 días fuera de casa».

Juanma Trueba también empezaba a escribir de ciclismo en esos maravillosos años. En realidad, trabajaba en la sección de cierre, pero el entonces director de *As*, Julián García Candau, sabía de su afición y le encargaba cosas. «Y lo último que se me ocurría pensar es que los policías pudiesen entrar algún día en las habitaciones de los ciclistas y encontrasen cajas de medicamentos». Pero hoy es así y, sin querer, el ciclismo dejó aliados en los bosques. Y Trueba, sin maltratar su fidelidad, cambió de ideología. «No creo tanto en los ciclistas como en este deporte». Y reivindica, como cronista de *As* en el mes de julio, la heroicidad del Tour, «capaz de sobrevivir a tanto cafre» que, en realidad, es la desesperación de los que se resisten a perder el amor. El padre de Trueba sería un ejemplo fiel de que no es fácil odiar. «Con más de 70 años, se despacha 40 kilómetros en bicicleta bien a gusto». Pero en el pasado sus dudas perdían frente a la devoción, cosa que hoy ya no le pasa ni a él ni a Carlos Arribas, el hombre de *El País*, que acepta todo esto sin tortura. Vivió el caso Festina en el Tour de Francia de 1998 y se preparó para todo. «Se trata de una crisis de conciencia».

Gutiérrez recuerda un cambio brutal. «Hasta entonces, los periodistas hacían entrevistas en las habitaciones de los ciclistas. Llamabas desde la recepción y te decían "anda, sube"». A partir de ahí, fue imposible. «Se creó un clima de desconfianza al informar de cosas tan desagradables». Arribas no sabe cómo considerarlo. «En el fondo cuentas chorradas y mentiras sobre unos tíos que engañan a todos. Y yo me siento engañado. Cuando hablas con uno y te dice que el dopaje es muy malo y luego da positivo, sientes que te llama idiota. Yo escribo mi parte hablando con ingenuidad de ellos, y ellos por su parte me están contando una milonga. Y ahí está la crisis. Y la resuelvo diciéndome que aún creo en los Reyes Magos, que debo hacerlo».

2. Esperando a Eddy Merckx

Jon Rivas también echa en falta la pacífica reputación de los héroes del pasado. No así los medios con los que trabajaba el periodista. Vivía en el alambre. «Recuerdo el año en el que Indurain se retiró al lado del hotel Capitán, en Cangas de Onís, en la Vuelta a España. En ese momento, en la sala de prensa se fue la luz y yo perdí los dos folios que llevaba escritos. El ordenador no tenía batería». Pero no sólo era eso. También se acuerda de ir acompañado por un maletín lleno de papeles, en los que se incluía toda la bibliografía que necesitaba para documentarse al escribir. «Ahora, no hace ni falta, porque todo eso lo tienes en las páginas web».

Ahora, en realidad, es un hombre más tranquilo que ya no necesita hacer cola para llamar desde una cabina o para pasar a su periódico las clasificaciones por fax. Aquello le sucedió en los Giros de Indurain en los que, como otras tantas veces, se encontraba que no podía pasar al cuarto de baño. «Los fotógrafos los tomaban al asalto para revelar las fotografías con las luces apagadas». Nunca se sabe, en cualquier caso, donde está el fin de los viejos tiempos. «Todavía hay periodistas de *La Repubblica*, el periódico italiano, a los que veo cantar las crónicas por teléfono». Pero sí sabe que ahora hace fotos desde su teléfono móvil y, en caso de urgencia, las manda en un momento al periódico. También sabe que puede escribir directamente sobre la página en su ordenador portátil. «Y luego nadie tiene por qué recortar mi texto».

Cubrir un Tour de Francia, en cualquier caso, no es una función cómoda. Arribas piensa que él se desahoga de tanta dificultad con la literatura de viajes y hasta imagina que Julio Verne hubiese sido un buen periodista del Tour. «Estás todo el día en el coche. Y pasas mucho tiempo solo. Y te da tiempo a ver paisajes, el poder de evocación de los Dolomitas o de los Pirineos y ver que son lugares que existen en la realidad. Todo eso despierta las ganas de contar historias». Y entonces cualquiera sabe lo que se le puede ocurrir a este hombre, original donde los haya: «a veces, me centro en un detalle que dura muy poquito y ese es el grueso de la crónica». Y se puede hacer como hacía Joseph Conrad, ese escritor que tanto ha marcado a Carlos Arribas. «Para contar una cosa, que dura 10 segundos, en *Lord Jim* son 300 páginas», justifica.

Jon Rivas abunda el perfil sacrificado del enviado especial en el Tour de Francia. Las angustias componen su propia montaña. Él cuenta que ha perdido trenes y ha estado a punto de perder aviones. «Estás todo el día con prisas. Llegas al hotel, que suelen estar a 80 o 90 kilómetros de la llegada, y a las 21:30 te encuentras que han cerrado el restaurante. Y si están en el centro de la ciudad te lías a dar vueltas para aparcar o ya sólo para encontrarlo. Quizá, ahora no tanto con el GPS, pero antes era tremendo». Tiene otras experiencias no más aconsejables: «hay hoteles en Francia que son para comer aparte. Allí no llevarías a tu familia ni loco, entras en el baño y te encuentras moquetas que dan verdadero asco... Hasta que se jubiló, yo iba con Javier Dalmases, que trabajaba para *El Mundo Deportivo*. Él me contaba que, por ese motivo, ha llegado a dormir varias veces en el coche». Sin ánimo de insistir, Rivas recuerda que ha vuelto «dos años con tendinitis, porque en los hoteles no tienes ascensor. Debes subir y bajar las maletas por escaleras durante casi un mes». Por eso lo que le ha pasado este año, en la Vuelta al Algarve que corrió Alberto Contador, le pareció el paraíso: «fueron cuatro días en los que no deshice la maleta, lo más lejos que quedaba la meta del hotel era a 60 kilómetros».

El peaje del Tour, sin embargo, es más perverso. «Si no te gustase, sería matador», juzga Rivas. «Y cuando más te quejas tratas de acordarte de aquello que decía Alfonso Rojo, "peor sería tener que trabajar"». La prehistoria también fue más exigente como prueban las memorias de Javier Dalmases y de los de su generación. Dalmases cubrió su primer Tour en 1975 y el de 1984 acompañado por el cantante Joan Manuel Serrat en un Talbot Horizon. Antes, vivió episodios infinitamente más groseros. Un año llegó a trabajar en salas de prensa, que eran establos, rodeado de vacas. Otro vio escarabajos y mierda de perro en el baño de un hotel. Tampoco olvida ese de Lourdes en el que, al deshacer la cama, se encontró con una gasa llena de sangre. Y no fue mejor el día que quedó con Gimondi en un hotel de Pau y no llegó a tiempo por culpa de un atasco monumental. Y en su primer Tour esperó cinco horas para entrevistar a Eddy Merckx, del que le habían dicho que era muy considerado con los periodistas, y marchó sin nada.

3. Aquella inolvidable exclusiva

Pero el Tour es así: una compañía difícil, sin tiempo para planchar la ropa, y menos romántica de lo que parece viendo a los ciclistas en el podio. También se cruzan corazones extraños como lo fue Armstrong. Rivas aceptó el trato. «Él siempre decía que era antipático, pero que podía serlo más. De todos modos, su forma de ser era así, incluso antes de empezar a ganar. Yo me acuerdo de la Vuelta a España, en la que reapareció después del cáncer. Fue quinto y no fue demasiadas veces noticia, pero ya se le veía arisco». Gutiérrez sí le entrevistó en aquella Vuelta y recuerda «una conversación demasiado difícil. Después, como no le gustaba nuestra política, ni a él ni a su director, no nos concedió ninguna entrevista más y dejamos de pedirlas». A Arribas sí le daba su consentimiento en *El País*. «Pero sí es verdad que parecía que te hacía un favor». El resultado le merecía la pena. «Armstrong es de ese tipo de gente que hace triunfar al periodista». Todo lo contrario que, por ejemplo, Indurain. «Su declaración no valía para nada», juzga. «Era de pueblo y no se sinceraba nada. Se limitaba a decir "si yo soy capaz de ganar esto no debe ser tan difícil"». Gutiérrez insiste en la diferencia. «La era Armstrong lo cambió todo. Creó una distancia periodista-ciclista que no existía. Hasta que llegó él, recuerdo que se podía acceder a cualquier campeón de los 90 tranquilamente. Pero con Armstrong, de repente, te encontrabas que un día venía a verle el actor Robin Williams».

Jon Rivas, que escribe de fútbol durante el invierno, asegura que no es lo mismo entrevistar a un futbolista del Athletic que a un ciclista. «No tiene nada que ver. Yo siempre pongo el ejemplo de Óscar Freire, que ha sido tres veces campeón del mundo. Cada vez que le llamo me atiende al teléfono». Gutiérrez conoció, incluso, la amistad en el pelotón. «Yo era íntimo del fallecido *Chava* Jiménez». Pero eso fue ayer. Hoy, después de doce Tours, ya no viaja. Dejó de hacerlo en 2006. «Mi periódico me propuso un ascenso como jefe de *Más deporte* y ya no puedo».

Pero antes tuvo derecho a tener miedo y, sobre todo, pena. Gutiérrez fue el hombre que dio aquella exclusiva, dividida en capítulos, en la que Manzano descubrió cómo era el dopaje. El ciclista le llamó un día de marzo de 2004, descontento con su equipo, para ofrecerle esta primicia. Después, le pidió dinero, «y le pagamos 9.000 euros». Y, al final, Gutiérrez publicó toda la historia con detalle. Fue un escándalo total. «Estuve mes y medio sin librar», recuerda. «En mi periódico, incluso, me dieron la opción de dejar el ciclismo, pero volví durante dos años (2004-06)». Su vida, sin embargo, ya no era la misma en las carreteras. «Y lo que peor llevé no fue el vacío de los ciclistas, sino de muchos compañeros que, desde 2006, cuando se confirmó la Operación Puerto, hablan de dopaje como si tal cosa». Y la realidad es que la solución sigue sin existir. «Los ciclistas saben lo que pasa: callan y no dicen nada», señala Rivas. «En el fútbol Gurpegui, en el Athletic, dio positivo y ha pasado dos controles en seis años. Contador, sin embargo, lleva 200». Por eso, cuando Rivas termina de escribir una crónica sabe que, a diferencia de lo que pasa en los partidos del Athletic, el resultado no es inamovible. «¿Qué puede suceder dentro de seis meses?», se pregunta.

Gutiérrez, de momento, será un hombre escéptico con el ciclismo. Lo fue hasta en el día de su exclusiva. «Recuerdo que mientras hacíamos la entrevista del segundo capítulo en un hotel de Madrid, Manzano recibió la llamada de Elías Israel, que era director de *Marca*, y se marchó, decía que le ofrecía un coche y dijo "esto cuesta dinero y me voy"». Frente al teclado, Carlos Arribas siempre tendrá alma de policía. «La sociedad nos está prestando sus ojos y tenemos que respetarlo». Y no sabe si eso es la vocación del médico o del misionero, pero sí sabe cómo es y no dejará de ser. «Más que eso, cuando voy a una Vuelta, un Tour, lo que sea, lo que más pereza me da es ponerme a escribir», acepta. «Soy vago y me cuesta. Prefiero estar buscando».

Gutiérrez también era así y por eso la exclusiva de Manzano aterrizó en sus manos. «Yo nunca menospreciaba a nadie: hablaba con todos, fuese un gregario, un masajista, me daba igual cómo se llamase». El dopaje le crea lástima a Jon Rivas. Una vez, en un foro, en Pamplona, comprendió mejor a las autoridades. «El secretario de Estado para el Deporte dijo: "la peor noticia que he recibido en 2005 fue el positivo de Roberto Heras. No puede ser que en un país tan avanzado como éste pasemos vergüenza por los casos de dopa-je". Y entonces yo entendí que lo que importa es la imagen, no la salud». Arribas resucita la realidad, «el miedo del dopaje no es que engañen a los rivales o a la gente. Por mucho que se metan, el ciclismo sigue siendo durísimo y sacrificadísimo. Llevan una vida de monjes. El problema es que la admiración que sentías por un ciclista por hacer algo sobrehumano, la pierdes, aunque en el fondo lo que hace sigue siendo sobrehumano».

Así que no aboga por endebles amistades. «El trato es impo-sible. Cuando conoces a ese deportista es cuando pasa a ser ex deportista, porque entonces ya sí: desaparecen las exi-gencias y las relaciones se igualan». Antes no. «Si eres neu-tral, si no te entusiasmas con ellos, lo ven como una crítica». Por eso ya no negocia con los cielos. «Crees que entiendes a los deportistas y no es verdad. Siempre llega ese momento en el que, sea la tuya o la de ellos, aparece la des-ilusión». Y coge distancia lo que le permite «actuar con más libertad. Y si alguien se cabrea, pues mira... Tú haces por ti y yo por mí. Tú das pedales y yo escribo».

Naturalmente, se refiere a los ídolos, a los que sueñan con el podio, a los que saca de quicio la derrota. Los otros, los anónimos, son diferentes. «Sí, claro». Y recuerda el caso de Pedro Horrillo, criado en Ermua (Vizcaya), hijo de tra-bajador de una fábrica y de una empleada doméstica que no sólo se conformó con ser ciclista. También consiguió una beca que le permitió estudiar Filosofía y Letras, abrir otras inquietudes y, a su vez, ser columnista en *El País* durante las grandes vueltas. «Una vez que llegaba al hotel, lo escri-bía él: pensaba el tema durante la etapa y lo hacía, yo no intervenía para nada. Pero su caso era diferente. Horrillo únicamente era noticia cuando se caía. Sólo ganó dos o tres veces y, claro, eso es otro tipo de relación». Y es una rela-ción más limpia, en la que rara vez se habla de dopaje. Quizá porque las ambiciones son más pacíficas. Y, sobre todo, más humanas.

Ciclismo en la Gran Vía

El cronista de ciclismo se hace, pero también nace. La prueba es Juanma Trueba que fue educado en el amor a este deporte. «Los niños de mi edad iban vestidos de futbolistas y yo de ciclista». Su padre era un fanático, capaz de ir a comprar revistas francesas de ciclismo a la Gran Vía «sin tener ni idea de francés y sólo por ver esas maravillosas fotografías de ciclistas belgas, holandeses...» con las que luego empapelaba el trastero de casa. No sólo era eso. Trueba se acuerda de ir a pintar las carreteras cuando la Vuelta a España llegaba a la sierra madrileña, «a La Morcuera, Navacerrada, al Abantos...». Allí, entre los dos, escribían nombres de ciclistas y, sobre todo, el de Enrique Aja, cántabro, solidario y amigo de la familia. También se acuerda de esa bicicleta a medida que le regaló su padre (¿quién sino?) a los ocho años, acompañada por un *maillot* naranja de lana, de los de antes.

Vestido así, se sentía espléndido en una época, los 70, en la que el ciclismo sólo era épica y sin crónica de sucesos. Había espléndidas costumbres, pájaras monumentales, héroes incorregibles y ataques desde el kilómetro cero. Así se educó Trueba, que desde hace años escribe las crónicas de ciclismo en *As*, y aún no sabe el motivo real. «Yo no lo pedí nunca». Quizá sólo fue una invitación del destino, capaz de compensar fidelidades como la de su padre, «que un año se fue desde Madrid a Galicia en tres etapas en bicicleta». Otro le llevó a ver una salida de la Vuelta a España a Bilbao, año 78. El muchacho se acuerda de bajar al garaje del hotel Ercilla, donde los mecánicos aseaban las bicicletas. Y, en una informal conversación, escuchó a uno de ellos hablar de Bernard Hinault y menospreciar sus aspiraciones. Curiosamente, ese año Hinault ganaba la Vuelta, su primera gran vuelta. Desde entonces, casualidad o destino, Trueba sabe que la imaginación tiene «tanto derecho a actuar como a equivocarse». La prueba estuvo en el garaje de aquel hotel de Bilbao, los niños nunca olvidan.

La primera entrevista|20

Aparqué la timidez a un lado. O quise ser valiente. Y llamé a Luís Arnáiz, a una de esas leyendas de mi infancia en el viejo diario *As*. Cursaba segundo o tercero de carrera, no sé. El caso es que ese hombre advirtió mi afinidad con la escritura y me animó a pasar a verle por la redacción. Fue fantástico, porque para un aprendiz no hay mejor manera de curar el hambre. Hoy se suceden los recuerdos de ese día y de esa época que se iba: un edificio antiguo, una moqueta con arrugas, unas escaleras crujientes... Y, entre las tinieblas del pasado, apareció Luís Arnáiz, que no sólo era un hombre altísimo y elegante, también tenía ese aire delicado de las buenas personas y unos ojos democráticos.

A la siguiente mañana de domingo yo ya estaba en la vieja Ciudad Deportiva para realizar unas crónicas de tres o cuatro líneas del equipo sub 19 del Real Madrid, que entrenaba un hombre con pinta de jesuita. Pudo ser un futbolista importante, pero no lo fue. Las lesiones lo descalificaron pronto. En él asomaba una ligera cojera que ya no le importaba. Vestía ropa antigua, capaz de conjuntar corbata y zapatillas de fútbol sala los domingos en la banda. Era el entrenador de aquel filial. Un tipo leal y novedoso en aquella época en la que todos los entrenadores querían ser como Arrigo Sacchi. Muy pronto formalicé una relación con él que se pareció a la amistad.

Tenía treinta y tantos años, una edad para empezar, y un problema que no le gustaba nada. Todos esos días en los que proponía una entrevista con él en la redacción de *As*, Arnáiz se la tomaba a broma. Antes de preguntar por qué, ironizaba con su nombre de torero. Así que quién preguntaba por qué era él, uno y otro día, cuando abría las páginas del periódico. En realidad, aquel hombre lo preguntaba todo. Quería saberlo todo, las 24 horas del día pensando en una única cosa, la pelota de fútbol. Conducía un Citroën ZX de gama media, trabajaba en un gimnasio por las mañanas y hablaba de métodos que prometían la revolución. Hacía sociogramas, entre los futbolistas. Advertía gran parte de lo que hoy sólo la tecnología ha hecho posible. Yo le escuchaba con la admiración del aprendiz. Todos los viernes por la tarde en la vieja Ciudad Deportiva reservábamos varias horas para hablar de fútbol. Y no sé si le conocí a fondo, pero sí sé que le conocí. Su cerebro registraba impaciencia y un campo de fútbol en miniatura en el que cada domingo los futbolistas podían organizarse mejor. Vivía para eso y no encontraba a nadie más preparado que él. En cada conversación, que fueron muchas, procuraba una idea más moderna. Y, sin ser Valdano, al que nunca admiró, admitía que se juega como se vive. A su lado, creo que aprendí a ser mejor. Comprobé lo que imaginé. No sólo era un valiente. También buena persona.

El día, que debía decidirse si me renovaban o no la beca en el *As*, quiso ser el primer en enterarse. Me llamó por teléfono. Luego nuestra relación decayó, pero no se olvidó de mí. Siempre que veía alguna oferta periodística me llamaba o dejaba el recado en casa. Cuando fui un redactor deportivo de provincias en Santander, pidió mi ayuda. Y me llamó para que le ayudase a esparcir su nombre por la ciudad, para ver si en el Racing podría encajar. Y no se engañen. Los triunfadores también necesitan un empujón. Y lo piden. Y pueden ser los primeros en pedirlo.

Pero entonces en el Racing estaba un entrenador que no se parecía a él. Era bastante más mayor. Yo trataba casi a diario con él y con su aire, tal vez, rupestre. El trato era educado, casi religioso, nada que ver. En su juventud había sido campeón de Europa, nada menos. En sus primeros años como entrenador, puso de moda algo más que las concentraciones después de los partidos. Era, en realidad, un tipo de prestigio. Un forajido de otra época en la que oposito por el título de Liga con un equipo de provincias.

Pero nunca estaba convencido de que el mundo le aceptase tal y como era. Descolgaba el teléfono por las tardes. Quique Setién, el autor del prólogo de páginas atrás, se enfrentó a él y yo, no sé si por defenderle, me enfrenté a Quique que, casualidades de la vida, me ha ayudado a presentar este libro. Supongo que él también habrá pretendido recordar lo mejor como aquella mañana de primavera que no sé si habrá olvidado. Yo no, porque eso también es periodismo. Y en aquella mañana, el sol jugó a nuestro favor. Subimos a hacer un reportaje junto al faro de Mataleñas para enseñar a los lectores de *As* lo maravillosa que puede ser Cantabria. Y, entre muchas más, hicimos una fotografía que todavía responde en las paredes de mi habitación. Él sigue igual de delgado que entonces; yo más.

El entrenador del Racing marchó. Tuvo la culpa él, dijo lo que no quería decir y nadie se lo perdonó. Nunca más volvió a aparecer en mi vida, ni de casualidad siquiera. Hice una biografía suya, con su consentimiento y con no pocas tardes de larguísimas conversaciones en un hotel junto al mar. Un día se la propuse y, qué cosas, aceptó. Una vez que dejó el Racing, no quiso saber más. Era un buen hombre, pese a ello. No lo conocí de veras, pero si lo viví de cerca. Con su timidez incorregible, fue lo que quiso ser: hombre de fútbol. Tenía una mujer preciosa y miles de complejos. Una vida con Olimpiada y una sonrisa cansada e imparcial. Al menos, cuando yo le conocí en La Albericia, en los viejos campos de entrenamiento del Racing, donde el periodismo vivía en paz. Ahora, más de una década después, ese hombre ya está retirado. A veces, veo declaraciones suyas en alguna parte lejana de los periódicos. Pero ya ni ejerce ni quiere ejercer. Su vida descansa en la paz que se ganó como futbolista. Tuvo tantos sueños y cumplió tantos, a pesar de ser tan serio, que probablemente ya no necesita más. Se llama Vicente Miera Campos con el que me une el origen cántabro y me separa una distancia de años y una biografía en el ocaso.

El otro entrenador, a ese que conocí en la vieja Ciudad Deportiva del Real Madrid, se hizo famoso hace tiempo. Lo pasó mal, pero nunca necesitó entrenar al Racing. Hoy, se han publicado tantas entrevistas suyas en los periódicos españoles y en los ingleses que podría montar un museo. Y empiezo a pensar que todas esas mañanas en las que abría el *As,*esperanzado con leer la entrevista que yo le había hecho, fueron culpa de mi insistencia con Arnáiz, el hombre que no quería saber nada del torero. Se llama, efectivamente, Rafael Benítez y ya no es médico de guardia. Triunfó y disfrutó del triunfo. Aprendió a vivir en familia y, por lo que parece en las fotografías, a vestir sin faltas de ortografía. Y ahora es él quien dosifica las entrevistas, como Vicente Miera hacía en Santander.

Es la diferencia que separa ayer y hoy, a aquel joven de la Ciudad Deportiva que luego haría campeón de Europa al Liverpool. Y allí lo veneran como a Bill Shankly, la leyenda de los banquillos de Anfield Road. Y no saben que, antes de héroe, fue monaguillo. Como incipiente periodista, viví lo que le costó encontrar esa primera entrevista, los desengaños que acompañaron a esos folios mecanografiados, muertos de miedo en el cajón. Pero entonces siendo como era, un rotundo desconocido, Benítez necesitaba de alguien que le ayudase a popularizar sus diferencias con los demás. Y las páginas de un periódico tenían la llave maestra. Era la primera entrevista, la que no se suele olvidar. Ni siquiera hoy, veinte años después, un poco más envejecidos todos.

Toda la
información
al servicio
del mercado
del deporte

diffusionSPORT

Difusión Ediciones, SL Empresa Periodística
Rosellón 102, entlo 1ª · 08029 Barcelona
Tel. 93 323 57 02 · Fax 93 323 60 80 · www.diffusionsport.com · mail@diffusionsport.com